JOSÉ LINS DO REGO

CRÔNICAS PARA JOVENS

Seleção e Prefácio
GUSTAVO HENRIQUE TUNA

São Paulo
2022

© **Herdeiros de José Lins do Rego**
1ª Edição, Global Editora, São Paulo 2022

Jefferson L. Alves – diretor editorial
Gustavo Henrique Tuna – gerente editorial
Flávio Samuel – gerente de produção
Jefferson Campos – assistente de produção
Nair Ferraz – assistente editorial
Amanda Meneguete e Juliana Tomasello – revisão
Eduardo Okuno – projeto gráfico
Acervo da família de José Lins do Rego – foto de capa
Taís do Lago – diagramação
Danilo David – arte-final

Dados Internacionais de Catalogação na Publicação (CIP)
(Câmara Brasileira do Livro, SP, Brasil)

Rego, José Lins do, 1901-1957
 José Lins do Rego : crônicas para jovens / José Lins do Rego ; seleção e prefácio Gustavo Henrique Tuna. — São Paulo, SP : Global Editora, 2022.

 ISBN 978-65-5612-342-4

 1. Crônicas brasileiras I. Tuna, Gustavo Henrique. II. Título.

22-117602   CDD-B869.8

Índices para catálogo sistemático:
1. Crônicas : Literatura brasileira B869.8
Eliete Marques da Silva - Bibliotecária - CRB-8/9380

Obra atualizada conforme o
NOVO ACORDO ORTOGRÁFICO DA LÍNGUA PORTUGUESA

global
editora

Global Editora e Distribuidora Ltda.
Rua Pirapitingui, 111 — Liberdade
CEP 01508-020 — São Paulo — SP
Tel.: (11) 3277-7999
e-mail: global@globaleditora.com.br

- globaleditora.com.br
- @globaleditora
- /globaleditora
- @globaleditora
- /globaleditora
- /globaleditora
- blog.grupoeditorialglobal.com.br

Direitos reservados.
Colabore com a produção científica e cultural.
Proibida a reprodução total ou parcial desta
obra sem a autorização do editor.

Nº de Catálogo: **4588**

JOSÉ LINS DO REGO

CRÔNICAS PARA JOVENS

BIOGRAFIA DO SELECIONADOR

Gustavo Henrique Tuna nasceu em Campinas, São Paulo, em 1977. É doutor em História Social pela Universidade de São Paulo e mestre em História Cultural pela Universidade Estadual de Campinas, onde defendeu em 2003 a dissertação *Viagens e viajantes em Gilberto Freyre*.

É autor de *Gilberto Freyre: entre tradição e ruptura* (São Paulo: Cone Sul, 2000), premiado na categoria Ensaio do III Festival Universitário de Literatura, promovido pela Xerox do Brasil e pela revista *Livro Aberto*. Também é autor das notas ao livro autobiográfico de Gilberto Freyre *De menino a homem* (São Paulo: Global, 2010), vencedor na categoria Biografia do Prêmio Jabuti 2011. É sua a seleção de textos do livro *O poeta e outras crônicas de literatura e vida*, de Rubem Braga, vencedor na categoria Crônica do Prêmio Jabuti 2018.

Atualmente, é gerente editorial da Global Editora e realiza pós-doutorado no Departamento de História da Universidade de São Paulo.

PERCURSOS DA CRÔNICA

A crônica é provavelmente o gênero literário de maior popularidade no Brasil. É o texto que traz o olhar sobre o que pouco se nota, impressões sobre eventos, situações, pessoas, crenças e hábitos que fazem parte, de algum modo, de esferas do dia a dia. Sua prosa transmite familiaridade aos leitores, proporcionando uma identificação quase natural. De curta extensão, ela cria sintonia com o cotidiano de um público amplo, em jornais e revistas.

Diante das transformações pelas quais passou, pontuar a origem da crônica não é tarefa fácil. Muitos apontam como seu berço o mundo antigo, quando Heródoto, considerado o "pai da História", já registrava acontecimentos de seu tempo e do passado. Outros, por sua vez, atribuem aos cronistas da Idade Média o nascedouro da prática da escrita de memórias.

No Brasil, a crônica se aninhou com tamanha espontaneidade que muitos afirmam ter ela se tornado um gênero tipicamente nacional. Machado de Assis, ele mesmo um grande cronista, brinca que o gênero teria nascido de um papo entre as duas primeiras vizinhas:

> Essas vizinhas, entre o jantar e a merenda, sentaram-se à porta, para debicar os sucessos do dia. Provavelmente começaram a lastimar-se do calor. Uma dizia que não pudera comer ao jantar, outra que tinha a camisa mais ensopada do que as ervas que comera. Passar das ervas às plantações do morador fronteiro, e logo às tropelias amatórias do dito morador, e ao resto, era a cousa mais fácil, natural e possível do mundo. Eis a origem da crônica.

Apesar das variações encontradas nos textos abrigados no campo da crônica, parece justo dizer que eles são fruto da terra onde são gerados, pois são tingidos pelas formas de expressão do lugar de sua concepção, e suas linhas buscam, em geral, dar conta de aspectos e especificidades que compõem o mundo ao seu redor.

Contemporâneo de Machado de Assis, José de Alencar também mergulhou com volúpia na delícia de recompor remexendo aqui e ali o que sua mente observadora captava. "Ao correr da pena", Alencar usou e abusou da paródia e da autocrítica em suas crônicas, explorando na escrita delas os limites entre o real e o ficcional. Os jornais e as revistas, berços da crônica no país, foram aos poucos sendo cada vez mais ocupados por ela. O time de cronistas de primeira linha no Brasil prosseguiu aumentando ao longo da virada do século XIX para o XX, tempo em que sobressaem os nomes de Olavo Bilac e João do Rio. Sem medo, a crônica foi se beneficiando da fala coloquial e, assim, pavimentou seu caminho de sucesso na literatura brasileira.

Nas primeiras décadas do século XX, outros craques da crônica apareceriam com força máxima, como Lima Barreto, Eneida de Moraes e, um pouco depois, Rachel de Queiroz. Na seara do Modernismo, o público leitor presenciaria uma profusão de grandes romancistas, contistas e poetas que se revelariam exímios cronistas, como Alcântara Machado, Mário de Andrade, Manuel Bandeira e Oswald de Andrade. É preciso recordar também que Carlos Drummond de Andrade, Cecília Meireles e Vinicius de Moraes, geralmente lembrados por seus poemas, transitaram harmoniosamente por esse gênero literário.

A todos esses, foram se juntando outros nomes que alçaram a crônica brasileira a um nível excepcional, como Stanislaw Ponte Preta (Sérgio Porto), Paulo Mendes Campos, Fernando Sabino, Otto Lara Resende, Zuenir Ventura, Marina Colasanti, Affonso Romano de Sant'Anna, Ivan Ângelo, Ignácio de Loyola Brandão, Ruy Castro, entre outros. Assistiu-se no Brasil do século XX à publicação de livros essencialmente compostos de crônicas, um fenômeno, é bom frisar, que permanece em plena atividade.

Construir uma narrativa formada por impressões a respeito de um fato do calor da hora não reside na única via disponível para se tecer uma crônica. Sua natureza aberta escancara à frente do autor um mundo de possibilidades. Abordar um acontecimento miúdo como mote para encontrar na sua essência aparente ou nos seus arredores significados que transcendem aquilo que a maioria consegue enxergar é uma alternativa. Outro itinerário ao bel-prazer do cronista é o de aproveitar o espaço que tem para narrar deliberadamente os detalhes de um mundo recriado em sua imaginação.

Talvez por ter formulado como nenhum outro uma mistura das diferentes maneiras de conceber crônicas, Rubem Braga é hoje considerado o expoente do gênero no Brasil. Suplantando o efêmero, que muitas vezes sentencia o texto ao esquecimento e valendo-se de uma envolvente despretensão, ele conta suas histórias como quem sopra um dente-de-leão, cujas sementes voam sem direção precisa e, mesmo assim, atingem em cheio a alma dos leitores.

Tida durante algum tempo como um gênero literário de menor relevo, a crônica brasileira superou há muito tal diagnóstico. Seus autores arrebataram e certamente continuarão arrebatando corações e mentes de gerações de leitores, sempre interessados nos pormenores da "vida ao rés do chão", para utilizarmos a expressão que Antonio Candido cunhou ao delinear o âmago da crônica.

As crônicas de José Lins do Rego são instigantes manifestações dos diversos estados de espírito pelas quais a alma do escritor transitava: humor, saudade, alegria, indignação, esperança, cada um deles expressado com o mais sincero vigor. São registros irretocáveis de um olhar que ilumina de maneira particular o que verdadeiramente importa no amplo espectro de experiências captadas e vividas pelo escritor paraibano.

Gustavo Henrique Tuna

SUMÁRIO

A prosa e a vida 15

Os verdes anos na lembrança 25

Natal de um menino de engenho 27

O rio Paraíba 30

Os jangadeiros 34

Carnaval do Recife 37

Uma viagem sentimental 40

Santa Sofia 43

Uma vida entre letras 45

O meu amigo José Olympio 47

O grande Lobato 49

O poeta da crônica 51

O mestre Graciliano 53

O poeta Manuel 56

[Cinco respostas para um inquérito sobre o ofício do escritor] 58

[Gilberto Freyre e José Américo de Almeida] 60

[Os regionalistas de 30] 62

O coração nas chuteiras 65

O Fla × Flu em Recife 67

Como dói!... 68

O velho Flamengo 69

O Brasil era o Flamengo 70

O Flamengo 71

O caráter do brasileiro 72

A NATUREZA MERECE PAZ 75

VASSOURAS (II) 77

O CRONISTA, AS BORBOLETAS E OS URUBUS 80

MONÓLOGO DE ÔNIBUS 81

O LÍRICO DO JARDIM BOTÂNICO 83

ARTE E VIDA 85

CÍCERO DIAS EM 1929 87

[MESTRE CHOPIN] 88

MÚSICA CARIOCA 91

VAN GOGH 93

PORTINARI (I) 95

NIEMEYER 98

CIDADÃO DO MUNDO 101

PARIS 103

LISBOA 105

SOL E GRÉCIA 107

VI NÁPOLES E NÃO MORRI 109

A ROMA QUE FOI DE CÉSAR 112

INFORMAÇÕES SOBRE AS CRÔNICAS 115

BIBLIOGRAFIA DO AUTOR 117

SOBRE O AUTOR 121

A PROSA E A VIDA

No início dos anos 1950, o cronista Rubem Braga teve a ventura de visitar o escritor e amigo José Lins do Rego em temporada no engenho Corredor, situado em Pilar, no sertão da Paraíba. No espaço das vivências da meninice de Zé Lins, Braga pôde testemunhar o autor de *Menino de engenho* num à vontade sem igual e registrou em crônica no jornal *Correio da Manhã* a força do legado do escritor paraibano para a literatura.

> Da varanda da casa-grande, vejo o telhado negro do engenho; converso com moleques que vão para debaixo da gameleira comer seus pratos. O que de longe, para quem lê sua obra, é pitoresco, aqui é apenas humano: nenhum escritor do Brasil é mais simples e legítimo do que esse que fez de sua infância um mundo de sonhos para todos nós.

Não há dúvidas de que os romances de José Lins do Rego que tiveram como cenário a vida social nos engenhos de cana-de-açúcar do Nordeste foram os que o tornaram mais célebre. O paraibano foi voz literária de proa da literatura regionalista que se firmou no Brasil das décadas de 1920 e 1930, ao lado de ficcionistas de peso como José Américo de Almeida, Rachel de Queiroz, Graciliano Ramos, Ascenso Ferreira e outros de igual relevo. O movimento regionalista nordestino desse período foi, é preciso ressaltar, mais amplo do que somente o universo das letras, abarcando também o campo da pintura, da escultura, da dança, da música, da culinária e outras áreas. No âmbito deste caldeirão de ideias em ebulição, José Lins, por meio de sua escrita ligada à sua terra, soube dar cor como poucos às estórias de sua região, transformando de forma surpreendente o que a princípio seria apenas local em universal, amealhando assim um amplo público leitor.

Além de porta-voz de uma região através de seus romances, o escritor construiu ao longo de sua vida uma alentada produção literária que reuniu também ensaio, crônica e até literatura voltada para crianças. As páginas de sua autoria que os leitores têm o privilégio de fruir são prova de uma vida bem vivida. Seus escritos demonstram ter sido um ser humano muito feliz desde seus primeiros anos, passando pela juventude e chegando à idade mais madura. Seja compondo narrativas inspiradas em seus tempos de infância e primeira mocidade, seja retratando personalidades, situações e paisagens de seu tempo, José Lins do Rego entregava sua alma a serviço da palavra, proporcionando, assim, aos leitores a experiência de acompanhar a prosa de um homem intensamente apaixonado pela vida de um modo amplo e pelo ofício de escrever em particular.

Nascido em 3 de junho de 1901 no município de Pilar, na Paraíba, o menino, filho de João do Rego Cavalcanti e Amélia Lins Cavalcanti, sofreria uma perda que marcaria qualquer existência: o falecimento de sua mãe, apenas nove meses após seu nascimento. Por conta do afastamento de seu pai, passaria a viver em grande parte sob os cuidados de sua tia Maria Lins. Após ter sido matriculado em 1909 no Internato Nossa Senhora do Carmo em Itabaiana, Paraíba, o garoto muda-se para João Pessoa, passando a estudar no colégio Diocesano Pio X. Aos 14 anos, migra para o Recife e, após passar por outras duas instituições escolares da capital pernambucana, ingressa no secundário do tradicional Ginásio Pernambucano, estabelecimento escolar que teve em seu quadro alunos que seriam ficcionistas de destaque, como Ariano Suassuna, Clarice Lispector e Joaquim Cardozo.

Em simultâneo ao curso de Direito na Faculdade do Recife, no qual ingressa em 1919, o jovem concebe os primeiros textos para a imprensa, colaborando para o *Diário do Estado da Paraíba*. Daria, assim, os primeiros passos de sua vasta produção jornalística, a qual se tornaria bastante intensa mais tarde, após sua mudança para o Rio de Janeiro. No Recife, em 1923, conhece Gilberto Freyre, que mais tarde seria autor do clássico *Casa-grande & senzala* (1933), com quem travaria uma imensa amizade, a qual marcaria imensamente a vida de ambos. O ano de 1924 ficaria marcado para todo o sempre na vida do escritor, ano de seu casamento com Filomena Massa, com quem teve três filhas: Maria Elizabeth, Maria da Glória e Maria Christina.

Após um curto período na Zona da Mata Mineira, exercendo o cargo de promotor público na pequena Manhuaçu, muda-se em 1926 para Maceió, onde assume o cargo de fiscal de bancos. É nesse período na capital alagoana que o escritor estabelece importantes trocas intelectuais com escritores como Aurélio Buarque de Holanda, Graciliano Ramos, Jorge de Lima, Rachel de Queiroz e Valdemar Cavalcanti. Na área da cultura no Brasil, o mês de fevereiro de 1926 é marcado por um episódio de suma relevância para todo aquele que naquela circunstância vivia da escrita e das artes: realiza-se, no Recife, o Primeiro Congresso Regionalista capitaneado pelo jovem Gilberto Freyre, então recém-regressado dos Estados Unidos. Num evento que buscava realçar o valor das tradições culturais do Nordeste no amplo espectro da cultura brasileira, desejava-se ressaltar a importância dos valores culturais de uma região em meio ao processo de modernização industrial imposta pelos ventos do progresso econômico conduzido em grande velocidade. Poetas, cronistas, romancistas, músicos, dançarinos, cozinheiras e personalidades das religiões de matriz africana se reuniram para apresentar suas atividades e, assim, expor em alto e bom som a contribuição que as manifestações regionais tinha para ofertar ao todo nacional.

Tingido por sua história de vida e no bojo deste movimento, José Lins do Rego estrearia na literatura em 1932 com o romance *Menino de engenho*, narrativa vigorosa que ficcionaliza de forma impactante o mundo social dos canaviais, que no livro é dado a conhecer ao leitor a partir da ótica de Carlinhos, menino de casa-grande típica do Nordeste brasileiro a experimentar todas as dores e as delícias de crescer num hábitat eivado de contradições como eram os engenhos de açúcar. Embebido pelas suas memórias de infância vivida no engenho de seu avô, o jovem escritor daria início a uma série de romances ambientados no complexo da economia do açúcar. Já nesse primeiro livro receberia a consagração logo de pronto, com os elogios sinceros do crítico literário João Ribeiro.

> [...] este livro pungente é de uma realidade profunda. Nada há que não seja o espelho do que se passa na sociedade rural e na das cidades do Norte e do Sul. E de todo o Brasil e um pouco de todo o mundo. O seu realismo pode acaso desagradar a algumas pessoas que não amam a verdade senão colorida e engalanada em eufemismos convencionais. É a vida tal como ela é; por isso mesmo, empolga a atenção e a curiosidade do leitor.
> O autor, bem se vê, é um homem novo, escritor desabusado, mas completo, e cheio de talento, conhecedor da sua arte.

Dali em diante, após uma estreia de grande repercussão, José Lins do Rego não pararia mais de escrever. No ano seguinte, *Doidinho* daria continuidade ao romance social da cultura canavieira. Em 1934, viria a lume *Banguê*, pela Livraria José Olympio Editora, que publicaria a partir de então a imensa maioria de seus livros.

A contribuição de José Lins do Rego para jornais foi extensa e manteve-se constante por quatro décadas. Após ter se estabelecido na então capital da República, o nome do escritor foi presença marcante em jornais sediados no Rio como *O Jornal*,

O Globo e *Jornal dos Sports*. No escopo de sua vasta produção para a imprensa, vale igualmente registrar sua prolífica colaboração para importantes diários paulistanos como a *Folha de S.Paulo* e *O Estado de S. Paulo*.

Ao lado do jornalismo e das artes, o escritor cultivava outras paixões. Viajar era uma delas. Em várias ocasiões de sua vida, partiu para conhecer novas terras acompanhado de sua esposa e de suas filhas, em momentos que lhe proporcionavam alegrias sem fim. Mesmo apegado às suas raízes de homem do sertão nordestino, perder-se em meio a paisagens e idiomas diferentes do seu era uma aventura da qual o escritor não abria mão.

Para que adentremos com real vigor no mundo de Zé Lins, será sempre necessário acompanharmos a relação de arrebatamento que ele estabeleceu com algo que lhe tirava o sono: o futebol. Em 1939, já morando no Rio de Janeiro há 4 anos, o escritor tornaria-se sócio do Clube de Regatas Flamengo, do qual também seria dirigente até 1944. Zé Lins era presença assídua não só nos jogos de seu time, mas também era visto com frequência nos treinos, acompanhando de perto a preparação dos jogadores para as partidas. Seu envolvimento com o esporte que é a paixão nacional era tamanho que, pouco tempo após deixar a diretoria do clube carioca, o escritor seria convidado a colaborar para o *Jornal dos Sports*.

Estima-se que no diário, muito lido no Brasil pelos aficionados dos esportes, o escritor tenha publicado perto de 1 571 crônicas entre 7 de março de 1945 e 20 de julho de 1957. Na coluna, Zé Lins comentava os jogos dos principais times do Brasil (e também da Seleção Brasileira de Futebol), fazia previsões para as partidas que estavam por vir, criticava os desmandos dos donos dos clubes, opunha-se ao comportamento muitas vezes violento de torcedores e, com frequência, deixava transparecer em suas linhas seu ardoroso entusiasmo pelo Flamengo. Além do fervor colérico por seu time de coração, cumpre também mencionar que Zé Lins envolveu-se com os destinos da Seleção Brasileira de Futebol. Sua paixão pela bola o levou a exercer o cargo de secretário-geral da Confederação Brasileira de Desportos (CBD), tendo, inclusive, assumido interinamente a presidência da entidade.

A década de 1940 foi, sem sombra de dúvidas, um período de grande agitação e realizações para o escritor paraibano. Se é possível dizer que *Menino de engenho* introduziu seu nome no panteão dos grandes ficcionistas brasileiros, foi com *Fogo morto*, de 1943, que ele alcançaria a consagração definitiva. A narrativa nele construída por Zé Lins teria como pano de fundo a derrocada dos engenhos nordestinos, simbolizada nas páginas do romance pelos descaminhos do engenho Santa Fé, propriedade que não consegue mais atingir sua pujança produtiva de um passado glorioso. Dividido em três planos, o enredo traz personagens cujos destinos entrecruzam-se e que guardam pontos de contato. O feito literário de Zé Lins com *Fogo morto* não passaria despercebido aos olhos do escritor e amigo Mário de Andrade que, em artigo escrito logo após a publicação do livro, assinalaria sem pestanejar: "Eu hoje vou saudar *Fogo morto*, gostei muitíssimo. Acho mesmo que o novo romance de Lins do Rego deixou em mim o ressaibo da obra-prima."

Nos anos 1940, saem as primeiras traduções de livros de Zé Lins. Primeiramente, são publicados na Argentina, *Niño del ingenio* e *Banguê*, ambos em 1946 e, no ano seguinte, *Piedra Bonita* e *Fogo morto*. A partir daí, parte significativa de seus romances ganha edições na Espanha, Estados Unidos, França, Inglaterra, Itália, Portugal, Coreia e União Soviética. O homem que apreciava viajar passava, assim, a ver seus livros ganhando o mundo e alcançando um reconhecimento ainda maior.

Ao lado da escrita de romances, José Lins do Rego manteve constante produção no campo da crônica destinada a jornais de relevo da imprensa brasileira. Observador atento ao que pairava à sua volta, Zé Lins flagrava como num *flash* situações e paisagens que presenciava, conversas que ouvia nos bares e cafés que frequentava e também nas lotações, meio de transporte bastante utilizado na cidade do Rio de Janeiro na primeira metade do século XX.

A seleção de crônicas do escritor aqui concebida tenciona oferecer ao leitor um proveitoso caminhar pela prosa do paraibano. Nesse gênero da literatura que tem o jornal como seu veículo principal de difusão – e também de experimentação –, sua produção é bastante volumosa, tendo ganhado também boa receptividade da crítica, sendo inclusive, em parte, posteriormente publicada em livro. A fração aqui reunida ambiciona que o jovem leitor aproveite estas pérolas extraídas de um oceano de textos que guarda igual encanto.

Como já dito aqui e largamente sabido, passagens da vida do escritor paraibano foram em muitos momentos pescadas e transmutadas por ele para a composição de enredos e personagens. Assim, a narração do dia a dia num engenho de cana-de-açúcar ou do cotidiano aventureiro dos jangadeiros ganhariam tons pulsantes nas páginas de seus romances. Foi dentro do propósito de dar conta dessa mistura entre memória e ficção que tingiria a escrita de Zé Lins que buscamos reunir as crônicas do bloco "Os verdes anos na lembrança".

A travessia feita pelo escritor para alcançar o reconhecimento de seus dons literários foi repleta de desafios. Em meio a uma miríade de aspirantes a escritores lutando para emergir do anonimato num país que pouco valorizava a carreira literária, o autor paraibano prosseguiu escrevendo por décadas a fio, mantendo em simultâneo a colaboração para a imprensa e a concepção de seus romances. Neste longo percurso, muitas foram as amizades travadas no campo literário, o que certamente tornou o caminho mais leve e o sonho possível. É o que se pode depreender da leitura das crônicas que integram o bloco "Uma vida entre letras".

Uma antologia de textos de José Lins do Rego direcionada aos jovens não poderia deixar de incluir suas crônicas sobre futebol, paixão que se tornou mais intensa após seu estabelecimento no Rio de Janeiro. De sua extensa produção de cronista do esporte que é preferência nacional, selecionamos ao todo seis para comporem o bloco "O coração nas chuteiras".

Sem ser partidário de grandes causas e guiado por sua ternura pelas belezas naturais das cidades onde viveu, o escritor não mediu palavras para tecer loas às maravilhas da fauna e da flora e também para denunciar a ação deletéria do homem sobre o meio ambiente. As crônicas do bloco "A natureza merece paz" são uma pequena mas instigante amostra do respeito e admiração de Zé Lins pelos encantos do mundo natural.

Os diversos campos da arte – como a pintura, a escultura, a música e o cinema – foram dimensões da criação humana que não escaparam das atenções de Zé Lins. Na verdade, o escritor demonstrava ter vivo interesse pela trajetória e pela obra de artistas do passado e de seu tempo, tendo inclusive exercido durante certo período a crítica cinematográfica para o jornal *O Globo*. O conjunto de textos que formam o segmento "Arte e vida" é um pequeno fragmento a indicar o quanto as manifestações artísticas impactavam seu modo de enxergar tudo à sua volta.

Por fim, o bloco de crônicas intitulado "Cidadão do mundo" oferta ao leitor um verdadeiro paradoxo. Em relatos de viagens realizadas ao longo de sua intensa vida, é possível flagrar o escritor, muitas vezes lembrado por sua ligação umbilical com sua região, descobrindo e se inebriando diante de culturas e cenários sensivelmente distintos dos de seu país. Nestes encontros, Zé Lins modula entre a admiração pelos mundos novos que se abrem aos seus olhos e a referência saudosa às paisagens de sua terra.

É curioso captar que estes breves textos aqui coligidos sinalizam para uma constante da trajetória do escritor. Seu genuíno e intenso entusiasmo pela vida: pela infância e mocidade vividas no seu Nordeste, pelos amigos fraternos do circuito literário, pelo futebol, pelas belezas da natureza, pelas manifestações artísticas de primeira qualidade e pelas sensações que as viagens no exterior lhe traziam. Todas elas experiências que enriqueciam e transformavam seu modo de (re)contar suas histórias.

GUSTAVO HENRIQUE TUNA

OS VERDES ANOS NA LEMBRANÇA

NATAL DE UM MENINO DE ENGENHO

Lá pelos engenhos do sul da Paraíba nunca ouvi falar em Natal, noite de Natal, árvore de Natal, Papai Noel. Noite de festa era como chamávamos ao grande dia. Para os meninos e para os moleques do engenho, a festa era o grande marco do ano. A nossa vida se contava de antes e de depois da festa.

Mas falando dessas coisas uma grande saudade, dessas que se enfincam de coração adentro, me obriga a recordar o velho engenho Corredor que anda hoje caindo aos pedaços, espécie de pobre rei Lear, abandonado de todos, sem grandeza, entregue em mãos negligentes e impiedosas.

Esperávamos a noite de festa, no Corredor, os meninos e os moleques com os mesmos planos feitos. O engenho ficava a uma meia légua do Pilar. Logo de tarde, após o recolhimento do gado aos currais, os moleques iam para o rio tirar o lodo do corpo. O meu avô esperava por eles, que chegavam metidos na roupa de brim fluminense ainda com a goma da peça e muitos com os letreiros da fábrica. Era o único dia do ano em que botavam roupa sem remendo. Até o outro dezembro teriam aquele terno para os dias santos, os feriados, os dias úteis. Vinham então todos para a porta da sala de jantar, onde o senhor distribuía para cada um uns níqueis de gratificação. Bem que para eles valiam uma fortuna as moedas de cruzado que o velho lhes dava. Mas antes de sair ouviam o seu discurso. O coronel José Lins falava para os seus súditos com gravidade. Nada de barulho, nem de vadiagens. Andassem direito, não se metessem com os moleques da rua, que eram uns malandros. E acabada a missa voltassem logo para casa, pois o gado tinha que sair cedo para o pasto.

Os meninos da casa-grande ficavam para um canto olhando os moleques, que primeiro do que eles saíam, a pé, para a vila. Primeiro do que eles iriam para o capilé, para os botequins de folhas de palmeiras, ouvir a música nos dobrados, ver o povo no jogo de bozó.

Com pouco mais saíamos em carro de boi para a festa, com as tias e a minha avó cega. O meu avô, a cavalo, acompanhava o passo lerdo da carruagem. E com pouco estávamos no Pilar, na casa do juiz, onde armavam uma lapinha, com pedrinhas do rio, carneiros pastando e o menino Deus olhando tanta coisa bonita, de palanque, adorado de bichos e de anjos. A lapinha do juiz era melhor do que a do major Deodato. Outros achavam que não, que a do major era a mais bela lapinha do mundo.

A vila do Pilar em tempos de festa se dividia, assim. Havia os que só iam à lapinha do juiz e os que só falavam da do major, com a mulher dele, uma morena bonita que sabia como ninguém arranjar bichos e anjos para o menino Deus.

Nós do engenho íamos também à casa do major. Éramos ali uns príncipes, cortejados por todos os partidos. Lá fora era por onde queríamos andar. As luzes de carbureto iluminavam o pátio da matriz, tremendo ao vento, piscando como doentes dos olhos. Corríamos para os moleques, confraternizávamos com eles. Os copos de capilé, as broas, os bolos de goma, as cocadas, até a hora da missa eram o nosso beber e comer. Os moleques de cacetes na mão não se uniam com os outros da rua. Havia sempre provocação destes, que olhavam os matutos com despre-zo. Saindo briga, o cacete dos nossos quebrava cabeça na certa. Os nossos levavam a vantagem de serem do engenho Corredor, eram moleques do prefeito. Os soldados do destacamento não prendiam moleques de bagaceira tão ilustre.

Ficávamos com os nossos companheiros, bebendo capilé, tirando sorte, olhando as matutas que só ficavam em grupos, amoitadas, sem se separarem uma da outra. Tinham medo de se perderem naquela metrópole que era o Pilar.

Depois vinha a missa campal, o padre gritando por silêncio, e o povo rumorejando. Os jogos de caipira paravam de bater na hora da missa. E quando o padre elevava o Senhor, mulheres estiravam os braços para o altar, pedindo a Deus por elas, pelos maridos, pelos filhos.

E acabava assim a nossa noite de festa. Os brancos voltavam para a cama e os moleques tinham o gado para levar para o pasto. Papai Noel nunca existiu para nós. Quem dava dinheiro aos moleques e aos meninos era um velho de barba rala, o velho José Lins do Corredor.

1935

O RIO PARAÍBA

Tive dois grandes espetáculos na minha última viagem ao Nordeste: o enterro do velho Cazuza Trombone, senhor do engenho de Moçangana, e uma cheia no Paraíba.

O Paraíba, numa tarde de sol, de céu limpo, apareceu violento, com águas barrentas, cobrindo canaviais, carregando pontes, roncando como o dono absoluto da Várzea. Vi-o, como em 1924, fazendo espanto, arrastando cacarecos, árvores frondosas, subindo pelas ribanceiras, enchendo o povo de alegria.

Coisa singular: o povo pobre gosta do Paraíba mesmo nos seus arrancos devastadores. Ficam à margem do rio, numa torcida ansiosa para que suba mais, devaste mais. Pouco se importam que lhes entre pela casa adentro. O que querem é ver a força de Deus maior que a força do usineiro, do senhor de engenho, do feitor. E ficam tristes quando as águas começam a baixar. Aparece sempre um com um boato que anima:

— Vem outra cheia. Vamos ter muita água ainda. O bicho arrancou a ponte do Cobé, tirou até os trilhos da estrada de ferro. Entrou água nas fornalhas da usina Santa Rita. O doutor Flávio vai ficar sem um pé de cana.

Riem-se, divertem-se com as ruínas. Alguns trazem os seus búzios e tocam, tocam como se quisessem animar o rio a subir.

As águas se arrebentam em ondas, fazem barulho com os redemoinhos furiosos. Chega a noite de escuro e só se escuta o rio, solto de canga e corda. Ele geme, bufa como um animal acossado. E a cantoria dos búzios de várzea afora vai tornando mais lúgubre a cantoria dos sapos assanhados com as águas novas.

Ali bem perto da casa-grande do Itapuá construíam uma ponte de concreto armado, obra de vulto das contra-as-secas. Um bate-estaca enorme, na margem do rio, como uma torre de aço que parecia um mastro de navio ancorado. Os cabos sustentam o colosso de ferro que tremia, que oscilava como ao jogo de ondas do mar. O monstro com o martelo de oito toneladas parecia mesquinho, um nada diante da força da correnteza. Havia gente desejando a queda do gigante:

— Eu só quero ver é o estouro do bicho dentro d'água.

O rio roncava em cima da maquinaria submersa. Moleques no outro dia de manhã fariam daquilo trampolim para os seus saltos. O pilar de pedra, de cimento e ferro, da fundação da ponte, aguentava no tombo as lapadas tremendas da enxurrada.

Ouvi bem um preto dizendo para outro:

— Aquilo vai ficar em farinha.

Não ficou, a força do homem se opôs à natureza com sucesso.

O mestre Bacuara, homem de muitas experiências, não acreditava no pilar da ponte nova. Ouvia o barulho das águas e me dizia:

— É força muita. O rio desceu com todo o fogo. Já vi este bicho fazer desgraças maiores.

E depois, como querendo exprimir numa imagem forte a sua admiração:

— Seu doutor, o homem desta terra é o Paraíba.

Ele queria dizer com isto que tudo mais era pequeno, frágil, sem importância diante do seu rio vingador. Não havia senhor de engenho, não havia usineiro que pudesse com ele. E olhava para as águas, cheio de orgulho, de confiança na força do rio:

— Ele é assim. O senhor vê o pobre na seca e tem pena dele. Fica por aí, coberto de mato, correndo num fio; partido ali, acolá. Chega até a feder. E quando ninguém espera é isto que está aí.

E me apontava para o Paraíba volumoso e terrível.

— E eu dizia todos os dias ao doutor Gioia: "Doutor, tome cuidado com o Paraíba", e o homem teimoso não me dava ouvido. E eu dizendo: "Doutor, isto aqui não é a várzea do Goiana". Agora o bicho está aí de barreira a barreira.

E Bacuara, muito satisfeito, sorria.

Soprava um vento bom na noite escura. O céu estrelado e pelo mundo o surdo gemer do rio enchendo. De quando em vez um pedaço de árvore batia forte no pilar da ponte. E estrondava.

— É força muita – continuava o mestre Bacuara. — Avalie se o Crumataú descesse também.

Havia gente calada pelo barranco. Os operários das "contra-as-secas" cuidavam do bate-estacas em perigo. Amarravam cabos de aço nas árvores de perto, e a torre balançava. E oscilava o martelo de oito toneladas como um pêndulo de carrilhão. Só estava de fora a chaminé da caldeira.

— É maior que a de 24.

Outros achavam que não. A outra cortara a bagaceira do engenho, e passava canoa por cima da porteira do sítio. Roncavam os búzios e todos os sapos do mundo entravam no coro sinistro.

— Ainda vem muita água – dizia Bacuara.

A pobreza descia de seus casebres para olhar o gigante solto. Havia uma alegria geral. Ouvi um dizendo para um grupo:

— O gringo do Cobé está acuado.

Referia-se ao dinamarquês construtor da ponte da estrada de ferro.

— Está subindo, está crescendo!...

Pela madrugada, porém, começou a secar. Houve consternação:

— Está baixando.

— Qual nada! Isto é água que vem atrás!

De manhã, via-se o imenso corpo amarelo espichado, coleando pela várzea seca. Espelhava o sol, e a lama da vazante fedia. O bate-estacas todo enfeitado de garranchos, de folhas de mato, todo embandeirado em arco. O gado olhava desconfiado e urrava para o volume grosso das águas. O engenho parado, como em dia santo.

O Paraíba descera. Chegavam notícias dos estragos nas terras das usinas na vila do Espírito Santo. Nas obras da ponte do Cobé arreara todo o madeirame, a linha de ferro no Pilar se partira em duas.

Era o mesmo Paraíba da minha infância, do meu avô, das histórias que nos contavam como se fossem histórias de Trancoso. Agora quem olhava para tudo com aqueles olhos serenos do velho José Lins do Corredor era a minha tia Marta do Itapuá.

O correio do inverno, como os antigos chamavam às primeiras águas do Paraíba, descera com as suas novas. Que preparassem terra para os roçados de algodão, para os partidos de cana, porque chuva haveria na certa para criar lavoura com fartura.

O mestre Bacuara, no outro dia, ainda me dizia:

— É pena que o meu padrinho Cazuza Trombone tivesse morrido a semana passada, podia ter visto esta cheia do Paraíba. Mas ainda vem muita água. Relampejou muito nas cabeceiras.

E sorrindo, para mim:

— Seu doutor, o homem é o Paraíba.

1941

OS JANGADEIROS

Jangadeiros do Ceará estão vindo em *raids* de Fortaleza ao Rio.

É uma aventura perigosa para esses homens simples que se dirigem pelas estrelas, pelos ventos, pela lua. Vêm assim eles navegando com o instinto que Deus lhes deu, com a coragem, a paciência, a fleuma que o trato com a vida do mar lhes consolidou.

Mais uma vez tenho para mim que Euclides da Cunha deformou a realidade no interesse de seu temperamento. Mais uma vez a força de poeta viu à sua maneira os homens e as coisas. O gênio do criador dos *Sertões* sentira o homem do litoral como um pobre doente, em quadro desolador. Para ele, aquele era de "raquitismo exaustivo", o "raquitismo exaustivo dos mestiços neurastênicos do litoral", em comparação com o sertanejo: antes de tudo um forte. Tudo muito do artista prodigioso que havia em Euclides. Ele queria os homens como a sua imaginação exaltada queria que os homens fossem, seres como cera plástica em suas mãos. Um romântico, do grande tipo, chegando até às extravagâncias no Barroco. Nunca um escritor no Brasil foi mais tipicamente barroco do que Euclides. O que havia de grande, de forte, de substancioso no Barroco, havia no seu estilo, que Nabuco, outro romântico, sugerira parecer construído com cipó.

Havia de fato em Euclides da Cunha a magia do artista barroco. Ele via a realidade, às vezes, como se estivesse possuído, dominado por ela. E os seus poderes de mágico engrandeciam a realidade, transformavam as coisas ao seu jeito, faziam vinho da água; realizavam o milagre. As árvores, os animais, os homens se transformavam em suas mãos em elementos, em massas, em cores, em formas que ele manobrava com febre alta. Este prodigioso artista que escreveu *Os sertões* teve força como os arquitetos espanhóis para sugestionar as massas, os crentes, as elites. Mas Euclides, que amassava matéria plástica para os seus afrescos, via a realidade como ele queria ver. Foi assim que os praieiros ficaram na sua frase reduzidos a um quase nada de gente. E era uma grande injustiça.

Os homens que fazem os trabalhos do mar, no Nordeste, são, à primeira vista, mal julgados. Conheço-os bem. Desde a minha infância que me habituei a vê-los e admirá-los. O meu avô levava a família para os banhos de mar nas praias desertas da Paraíba. Os praieiros de pés no chão que nós víamos eram homens bem diferentes daqueles que havíamos deixado na bagaceira do engenho. Depois, José Américo de Almeida reabilitou essa gente, em página de seu admirável *A Paraíba e seus problemas*.

Quem os vê no descanso das caiçaras, de papo para o ar, não os imagina capazes de lutas, de trabalhos, de canseiras. E no entanto a vida que levam é a mais dura possível. Vemo-los de madrugada empurrando a jangada para o mar. Levam no samburá um punhado de farinha e peixes fritos. São calmos, de cara dura, de olhos vivos. A barba tem sempre mais de uma semana de crescida, o cabelo cobre as orelhas. É o seu João, o seu Manuel, o seu Chico Tainha.

A jangada se perde de mar afora. E à boca da noite vai chegando. É um ponto branco no horizonte. Doze horas de alto-mar, de paciência, de espera, de linhas soltas, na espreita das ciobas, das cavalas. Vai chegando. Os veranistas se juntam para a compra do pescado. Seu João já encostou a jangada na praia. Os filhos soltam os dois toros de madeira para fazer subir a embarcação. A cara de seu João exprime bem as doze horas. Está encardida de sol, os olhos estão empapuçados, o chapéu de palha molhado mais enterrado na cabeça. Ele está calmo e silencioso. As calças arregaçadas mostram as pernas másculas e queimadas, a blusa rasgada, a pele seca, o corpo liso de caboclo.

Os veranistas cercam a jangada. Vem uma cavala dependurada. O samburá traz muito peixe. E seu João, que passou doze horas no trabalho, começa a vender a mercadoria. A cavala grande custa tanto, é o seu preço. Os outros peixes, tanto. O resto fica para a sua gente. Ali mesmo faz o seu mercado. Recebe o dinheiro, ajeita a jangada no seu canto, e como se não conhecesse ninguém, calado, com os filhos carregando o cesto, lá vai o seu João para a paz da família. O peixe cozido com pirão é o regalo do jantar daquela noite. A família naquele dia de fartura dormirá bem. Seu João tem a casa cheia de filhos. E quer mais ainda.

Agora, espichado na porta da casa de palha, olha para o céu. Sopra o vento nos cajueiros floridos e há o barulho dos coqueiros agitados. Seu João vê a lua, vê manchas na lua. Levanta-se e vai dizendo para a mulher: "Amanhã é dia de cavala. A lua está dando o sinal. E o vento mudou. Tenho que sair mais cedo."

E lá para as 3 horas da madrugada, lá vai seu João outra vez para o mar.

Estes não são sem dúvida "os mestiços neurastênicos do litoral".

1941

CARNAVAL DO RECIFE

Sai-se de um Rio de Janeiro com o noticiário da imprensa e do rádio atormentado pela política e chega-se ao Recife para encontrar-se uma luta de opinião estabelecida sobre a portaria policial que proibia o escape livre aos automóveis, nos dias de Carnaval. Os mestres da melhor imprensa, como Aníbal Fernandes, inflamados pelo problema, e a cidade dividida em dois partidos: os do escape livre e os contra o escape livre. Afinal, uma pendência sobre o entrudo que ainda persiste na velha cidade das pontes e dos maracatus.

E era justamente para rever o carnaval do Recife que aqui estava. Há 33 anos que não o via na sua originalidade, na sua ferocidade de entrudo, na sua maravilhosa exuberância de música, de danças, de ditos, de gritaria. Vim para o encontro com um velho amigo de mocidade. Aos primeiros contatos não encontraria aquilo que fora tão da minha intimidade. Seria que o velho Zé Pereira, o deus do barulho que os lusos nos mandaram de suas festas dos santos padroeiros, havia metido o zabumba no saco e se fora, derrotado pelas cantorias do Rio de Janeiro? Era o que me fazia medo. Temia que o carnaval pernambucano estivesse liquidado pela uniformidade imposta pelas estações de rádio.

*

Mas logo na tarde de sábado, fui sentindo que o velho Recife estava de pé. Apesar da quebradeira geral (nunca se vendeu tão pouco como neste ano), o povo não ficara em casa. Ruas cheias, gente metida em fantasias, automóveis desembestados com latas velhas dependuradas nas rodas traseiras, uma gigantesca demonstração contra todas as leis do silêncio. Grupos em caminhões, rapazes a sacudir goma na cara dos transeuntes, outros a molhar os passantes com tintas, uma verdadeira volta aos bárbaros entrudos. Os meninos muniam-se de latas d'água para lavar os automóveis que passavam com foliões. E, pelos passeios, a canalha das revoluções libertárias, em estado de graça mômica. O povo sem barreiras na liberdade dos "instintos rudes". Era, de fato, o Recife dos meus dias quentes de estudante. E quando foi pela boca da noite, o Capibaribe da rua da Aurora desencantou-se como em conto oriental. A luz de Paulo Afonso chegara das águas de São Francisco para cobrir o irmão menor do Recife de cintilações de um colar de iluminura. As lâmpadas elétricas banhavam as pontes e as águas do rio de estrelas cadentes. Do alto de um edifício podia ver a maravilha no faiscar da correnteza.

*

Cantavam homens e mulheres, corriam desesperadamente os automóveis que berravam como bichos nas selvas. Mas a doce cantaria de um maracatu podia subir até onde eu estava, e me vinha para bulir com as saudades antigas, com o rapaz ainda verde na vida, sôfrego pelas delícias dos folguedos do amor. "Ah! O Recife dos que custam a se formar", diria o poeta Santos de Alagoas. Mais tarde, o mestre Gilberto Freyre, vestido de palhaço, me levava para um baile de mascarados em Caxangá. Os pernambucanos finos caíam no frevo como os outros das ruas livres. Era o mesmo Recife, sem tirar nem pôr. A dança avassaladora fervia no sangue como um toque dos demônios. Trombones e pistões pareciam loucos de camisa de força. No outro dia fui ver, solto no meio da massa, na Pracinha, a passagem dos clubes. Aí senti que já não havia mais o "Pás" e o "Vassourinhas" do meu tempo. Trepados num palanque estavam os juízes e um homem de microfone a gritar como um possesso. Lá estava Mário Melo, com sua enorme cara amarela, como se fosse um *Duce* das pobres sociedades que apareciam definhadas, sem aquele vigor dos anos de 1921 e 1922. O próprio povo que me cercava não se mostrava com orgulho dos ídolos de antigamente. Apareceu um "Vassourinhas" como se se tivesse levantado de uma doença grave, sem cores, sem músculos, sem carne. O homem do micro gritava, pedia palmas para o "Vassourinhas" que passava melancólico, sem a majestade de quem já fora rei. O *Duce* sorria para o povo. Aquele devia ser o carnaval dos seus sonhos, um carnaval de museu, somente para fingir que era carnaval. Mas a fabulosa canalha das ruas não ia atrás de conversa, e se arrebentava no frevo para mostrar que estava viva.

UMA VIAGEM SENTIMENTAL

Resolvi repetir a minha velha viagem de trem pela G.W.B.R. dos ingleses, hoje Rede Viação do Nordeste. Nos meus tempos de menino, tínhamos, aqui no engenho, trens de ida e volta, do Recife à Paraíba. Marcava-se os relógios pelos horários da Estrada de Ferro Recife e Paraíba: tudo no bom ritmo das máquinas que queimavam carvão de pedra. Subia para o céu a fumaça escura que cheirava demoradamente. E o "vapor", como o chamava o povo, fazia todos os serviços com a máxima regularidade. O inglês criava boa fama nos contatos com o público. Só nos começos, pela mudança de horários, houve divergências com os arrendatários da estrada. Então, os meus parentes, senhores de engenho, fizeram um motim que chegou às vias de fato. Arrancaram trilhos e fizeram estragos nas pontes. Apareceram soldados do Exército para garantir os bens da empresa e reprimiram a revolta com prisões e violência. Mas tiveram que mudar os horários.

Em todo caso, com o advento dos ingleses, a boa ordem foi uma garantia para cargas e passageiros. Vieram técnicos, apareceram maquinistas, para que tudo andasse bem. E, assim, até a guerra de 1914, a G.W.B.R. deu conta, com perfeição, do seu recado. Logo depois, sem contar com combustível importado, sem íntimas relações com as Ilhas Britânicas, os serviços caíram muito. Passamos aos atrasos, à desordem do tráfego. Os ingleses não davam mais conta da rede. Apareceu um homem chamado Assis Ribeiro, e com energia fabulosa conseguiu botar as coisas nos eixos. E a estrada voltou a ser o que fora. Para tanto havia de sofrer até o assassínio de um de seus mais ativos auxiliares. Mas tudo seria outra vez a estrada de ferro, a serviço do povo. Tudo isso me chegava à cabeça na espera do "horário" para o Recife que já vinha com uma hora de atraso. Paguei-me da maçada, desde que tomei o meu assento numerado. Dentro do carro, estavam os passageiros de boné e guarda-pó, os mesmos de há trinta anos atrás. Não mudaram os clientes da velha estrada.

*

O trem corria pelo meio dos partidos de cana. As terras de minha infância apareciam do outro lado do rio. Lá estava o Corredor, com o cata-vento, a casa-grande de pilastra, a terra amada de meu avô, matriz dos outros engenhos que saíram de suas várzeas de cana e de seus altos de algodão. A minha vida de menino retornava às origens, ao berço ido, às fontes queridas. Senti que ainda lá estava o velho José Lins, o maior de todos, bom como o pão, o grande homem sem uma gota de fel no coração, que era doce como o açúcar purgado de suas formas. Foi quando um velho levantou-se de seu lugar e nos disse, em voz alta: "Por acaso, estão vendo a igreja do Pilar? Já não enxergo quase nada. Ali me casei, há cinquenta anos." O homem levantou-se. Os seus olhos da cara não viam as torres da igreja, mas viam muito bem os seus olhos da alma. E, de tanto ver, começaram a verter águas que lhe vinham das entranhas. Chorava o velho o choro de uma ternura mansa de fim de vida.

*

Foi-se o trem do Pilar e o passageiro triste afundou a cabeça no boné de casimira. Agora quem queria chorar era o cronista desta viagem mais que sentimental. Era o meu tempo morto que começava a bulir com as minhas recordações. E me chegava o menino de engenho que saía para o colégio de Itabaiana. Fora-se o sobrado cor de oca, da "galhofa" dos juremas. O rio comera pedra por pedra. E aos poucos, vinha chegando Itabaiana. A torre rosada da igreja aparecia no céu carregado de chuva. Nos meus tempos de menino, aquela torre queria dizer que estava chegando às grades do meu internato de palmatória, de mestre mais duro que a sua madeira de suplício. Mesmo assim, com todos os castigos impiedosos, bem desejava que tudo voltasse para mim.

SANTA SOFIA

Quando o trem parou em Silveira Lobo tive medo que a realidade não correspondesse ao sonho. Mas desde que pus os pés na terra que tudo começou a se mostrar tal qual imaginara. Aquela seria a terra dos parentes de Minas, as fazendas tão faladas, tão descritas, tão louvadas pelos que dali voltavam para nos contar tantas grandezas de posses e de gente.

E fui olhando os morros, a terra vermelha, as águas que corriam pelas encostas. E, naquele dia de fevereiro quente, o ar era puro e leve como uma manhã de junho dos engenhos da várzea do Paraíba.

Confesso que tinha o coração ansioso. O que imaginara desde menino, o que compusera em relação ao país de povo nosso, enraizado em montanhas mineiras, se aproximava. Vi, da volta que o caminho dava, as palmeiras-imperiais, que subiam para o céu a indicar casa-grande por perto. E, de fato, a sede estava tão próxima que se descobrira, tão bela, aos viajantes, como se tivessem levantado um pano de boca.

O grande portão do pomar dava entrada para a casa-grande. E as senhoras antigas ali estavam para a recepção aos parentes da Paraíba, já que o chefe da família não se encontrava presente. Conhecia-as pelos retratos, conhecia, uma por uma, pelas referências, pelos louvores, pelo que delas gabavam. Eram moças de muito saber, de muitas prendas, de muito coração. Os seus nomes estavam gravados na minha memória, e, nos álbuns de família, viviam para nós, doces e carinhosos.

A grande casa de quatorze quartos ali estava, com toda a sua grandeza antiga. Os pianos de cauda, os retratos na parede, a cara austera do conde de Prados e, por todos os recantos, o espírito familiar, aquela bondade de séculos que o tempo não comera.

Aos poucos fui tomando pé na realidade. O terreiro de café da velha fazenda de 20 mil arrobas, a aleia de açaí do jardim, a conversa mansa do primo Baltazar e a paz de um silêncio, que parecia uma dádiva do céu, me prendiam às coisas que a imaginação do menino concebera. E tudo era verdade.

Aquela era a Santa Sofia, que a minha tia Maria conhecera e de que me falava com tanta minúcia. Os velhos troncos familiares pendiam da parede e se comprimiam nos álbuns de capa de madrepérola. Os Lins que vieram da Paraíba se encontraram ali, em Minas Gerais, com os Arnoude, de Barbacena, para se fixarem em gente que é uma autêntica flor da civilização brasileira.

Santa Sofia é tudo o que eu imaginava e queria que fosse.

UMA VIDA ENTRE LETRAS

O MEU AMIGO JOSÉ OLYMPIO

Quando ainda era um quase menino e já gerente de várias livrarias de São Paulo, José Olympio recebeu de Antônio de Alcântara Machado um livro com esta dedicatória: "A José Olympio, que será um dia o editor dos novos do Brasil". A profecia do admirável Antônio de Alcântara Machado realizou-se em sua amplitude. José Olympio se transformou no maior editor de literatura já aparecido no Brasil. Foi editor de novos e de velhos, conseguindo para a sua casa um prestígio universal. Para tanto conseguir, José Olympio não precisou somente de ser o editor perfeito, o editor que se apaixona pelos livros que faz; transformou-se no amigo que é o mais dedicado amigo que conheço. Aí está o segredo do seu sucesso. O sucesso de um homem que não mede sacrifícios para servir aos outros. Muitas vezes toma-se de tamanha paixão pelas causas dos amigos, como se estivesse numa competição pela própria vida. Homem desta natureza há de ser o mais querido dos homens. É o que acontece com José Olympio. Os seus amigos, desde o Zé Luís, o esplêndido Zé Luís, ao ministro Otávio Tarquínio de Sousa, são amigos que o têm na conta de irmão. José Olympio não dá um minuto de trégua às aflições do seu coração. É amigo em todos os instantes, em todas as horas, em todas as circunstâncias. Às vezes parece um furacão da Jamaica. Mas é só parecer. Atrás da fúria está a ternura de quem tem sangue baiano nas veias, a doce ternura do homem de lágrimas que estão à flor dos olhos, como fonte bem em pé de serra. Este é o maior José Olympio. Maior do que o editor que tem sido um gigante na tormenta, o editor de literatura que se projetou nos centros de cultura do mundo, com a sua casa que é modelo em tudo: na seleção de valores, na honestidade de comércio, no bom gosto da matéria que trata. Conheço-o há vinte anos, tenho-o na conta de amigo de meu peito, sei o que vale este paulista de Batatais. Tem ele os quatrocentos anos dos Junqueiras para a sua autenticidade de antigo sangue bandeirante, mas tempera-lhe os orgulhos de paulista aquela boêmia do velho major seu pai, baiano que nunca deixou de o ser. Quando vejo o grande editor com os seus planos, com as suas iniciativas fabulosas, rapaz pobre que se projetou no Brasil com a força de um pioneiro, não me posso esquecer do outro, do José Olympio da mesa da Brasileira, das rodas do Hipódromo, cercado de amigos que o amam, que o colocam em ponto alto no grau de afeição. Aí se expande o bom baiano do major, o que não trabalha para ser rico, mas que ama a vida pelas suas expansões de alegria. De quando em quando entristece, fecha-se em nuvens de nevoeiro, e todo ele entra nos pensamentos que doem como feridas abertas. Quando, porém, lhe nasce o dia na alma, o verdor da vida dá-lhe aquele fulgor de aurora que o conduz a editar o Quixote, o Dickens, a travar batalhas tremendas com o desconhecido. Vemos, então, o otimista acreditando no Brasil, acreditando nos livros que faz, com a alegria do pai que em cada filho descobre uma revelação de Deus.

O GRANDE LOBATO

Há 25 anos um fazendeiro chamado José Bento, de velha família de brasão, pois era neto do visconde de Tremembé, publicava um livro de contos. Tudo isto nada seria se este homem não se transformasse em Monteiro Lobato. O senhor José Bento, de Santa Maria, em Taubaté, de repente assumiu uma posição incômoda para um fazendeiro de terras cansadas. Passara de plantador de café a criador de vida. O cafezal minguava na terra comida pela erosão, mas havia no território humano de Lobato um mundo de gente para nascer, para sofrer, para viver. *Urupês* foi o livro de quem queria salvar a terra. Há em todo ele o gemer do homem que se sente culpado de um crime monstruoso, o de ter se consumido na solidão. O homem de Monteiro Lobato é um ser vencido pelo desespero de estar só. É aí que está a grandeza de sua obra de criador. Quando ele pretende levantar mundos imaginários, criar homens diferentes dos seus homens, não é o grande escritor dos fracassados do interior paulista. Lobato foi, no Brasil, o primeiro escritor que deu à tristeza brasileira uma verdadeira grandeza. A nossa literatura regional, tirante Simões Lopes Neto, era de fraqueza de fazer pena. Lobato, que era da terra, imprimiu ao seu mundo de ficção a realidade de que fugíamos, com medo. Ele viu o brasileiro nu, na sua miséria, no seu pungir, na vil desgraça. Já Euclides da Cunha soltara o grito épico do *Os sertões*. Em Lobato, porém, o poder da análise, a força de ver, a sensibilidade de artista, não seriam como em Euclides uma enchente de tempestade. Lobato, mais do que Euclides, era uma criatura da terra. Euclides era homem da tragédia grega; Lobato era mais do romance russo. O escritor que lera Camilo Castelo Branco vinha para a literatura com uma marca de elevação que sempre nos faltou: com senso de humor. Aí está a superioridade de Lobato sobre o mestre Euclides. É que, enquanto o profeta tem arrancos de Jeremias, o outro tem um amargo sorriso, que é mais doloroso ainda que o desespero euclidiano. O grande escritor que saíra do fazendeiro de Taubaté se alimentava de um pessimismo fecundo, o pessimismo dos que tomam as dores do mundo como carga que é preciso carregar.

Lobato não é um escritor de muito agrado para o povo, e é, no entanto, popular. Razão esta que vem da sua verdade, da sua lealdade em fixar a vida de sua gente. "Jeca Tatu" se transformou em personagem brasileira porque há um pedaço dele em qualquer um de nós. Os que quiseram atribuir o sucesso de Monteiro Lobato às referências de Rui Barbosa, hoje já devem ter mudado de opinião. Havia no rapaz que estreava aquilo que é raro neste mundo de Deus: gênio criador. A vida que ele punha em relevo de forma, a gente, a terra, a miséria, as dores, as alegrias, o ridículo e a tristeza que o escritor tomara para matéria-prima, é hoje um mundo que superou ao tempo. O "Jeca Tatu" poderá se transformar no mais feliz rotariano, todas as terras mortas poderão renascer, mas a arte e o gênio do escritor já nos deram a sua existência, a sua vida real.

Já não existem almas mortas na Rússia, mas existe Gógol, eternamente.

O POETA DA CRÔNICA

Afinal, o que quer o Rubem Braga? Sim, o Braga do Cachoeiro de Itapemirim, o filho do escrivão, o cigano de todas as terras, o poeta da crônica? Quererá o reino de Pasárgada, quererá a filha do rei, quererá "Oropa, França e Baía"? O que quer o Braga, que tanto anda, que tanto ama, que tanto bebe, que tanto sofre, que tanto pinta? E que escreve tão bem e se vai para a França, quer ir para Luanda; se vai para a Itália, quer voltar para o "Café Vermelhinho". O que quer o Braga, que tudo quer e nada quer?

Pobre do Braga que não tem sossego, pobres das terras que o Braga pisa. Não pega raízes, não pega amores, não cria alicerces. Se avista terras de Espanha, fica logo pensando em areias de Portugal. Coração de pedra-mármore, como diz a cantiga do Reisado de Alagoas. Sim, este Braga é assim como um "Don Juan" de povos e cidades.

Mas não é. Tudo é aparência, tudo é visagem, tudo é mentira.

Eu sei o que o Rubem Braga quer. Ele pode enganar os críticos, aos povos, às mulheres, aos bares, aos copos de *chopp*, às marcas de *whisky*, todos os cavalos brancos, ao Moacyr Werneck de Castro, aos partidos políticos, ao rei do Congo, aos ventos do Itamaracá. A mim, não. Ao pobre do José do Rego, ao menino de engenho de 47 anos, não.

Eu te conheço, minha flor de laranjeira, eu sei o que és e o que pretendes, mestre Braga, que não és como o mestre Carlos do poema de Ascenso Ferreira, o que aprendeu sem se ensinar. Ninguém é mais ensinado do que o Braga. Ele sabe gramática, ele sabe física e química, sabe o que é a bomba atômica e sabe, do começo ao fim, o dicionário das rimas, o secretário dos amantes e alguma coisa do livro de São Cipriano. Garanto que sabe mais que o grande sabedor de tudo que é Graciliano Ramos. Mas, afinal, o que quer o Braga? É preciso dizer o que quer o Braga.

E eu o digo. O Braga não quer outra coisa senão um simples pé de milho. Tudo o que ele viu, tudo o que ele amou, tudo o que debochou com o seu sorriso mais falso que os olhos de Capitu, nada é para o Braga que eu conheço. Deem-lhe um pé de milho, ali no fundo do seu quintal, da rua de Júlio Castilhos, e o Braga se desmancha na doce poesia da crônica mais terna que um sopro de brisa. Tudo o que é do Braga se confunde com a bondade de Deus. E ele é bom, claro, sem mágoa, macio como o seu pé de milho, "um belo gesto da terra".

Tudo o mais é conversa do grande poeta que se chama Rubem Braga.

3 de novembro de 1948

O MESTRE GRACILIANO

O Tabelião de Mata Grande nos havia dito:

— Os senhores vão encontrar em Palmeira dos Índios o homem que sabe mais mitologia em todo o sertão.

Nós éramos dois literatos numa comitiva oficial. Que homem terrível seria este de Palmeira? Um homem com todos os deuses e deusas da mitologia para nos esmagar na conversa. Fiquei com medo do sábio sertanejo. E de fato, na tarde do mesmo dia entrávamos em contato com a fera em carne e osso. O prefeito nos apresentou:

— Este é o professor Graciliano Ramos.

— Professor de coisa nenhuma – foi nos dizendo ele.

E ficou para um canto da sala, encolhido, de olhos desconfiados, com um sorriso amargo na boca, enquanto o governador falava para os correligionários. Quis provocá-lo, e tive medo da mitologia. Mas aos poucos fui me chegando para o sertanejo quieto, de cara maliciosa. Falou-me de uns artigos que havia lido com a minha assinatura, com tanta discrição no falar, com palavras tão sóbrias que me encantaram.

O homem que sabia mitologia, também entendia de Balzac, de Zola, de Flaubert, de literatura, como se vivesse disto. Soube que era comerciante, que tinha família grande, que era ateu, que estivera no Rio, que fizera sonetos, que sabia inglês, francês, que falava italiano.

Conheci assim o mestre Graciliano Ramos. Depois o comerciante fechou as portas pagando integralmente aos credores e seria o prefeito de sua cidade, faria relatórios ao conselho municipal, em língua e humor de grande escritor.

Começou aí a carreira deste mestre. O homem que sabia mitologia sabia muito mais da natureza humana. Muito mais próximo ele estava dos homens do que dos deuses da Hélade.

Vieram os seus livros. O romance brasileiro, com ele, foi além daquilo a que tinha chegado. A amargura de Graciliano tem um patético que não há na melancolia de Machado de Assis, ou na rebeldia de Lima Barreto. No sertanejo a vida se condensa no claro-escuro mais pungente de nossas letras.

Machado de Assis falava na "voluptuosidade do nada", tinha um gozo requintado da frase, gostava de se debruçar sobre as árvores, de ver a baía, de olhar o mar, de se encher da poesia das pequenas coisas. Graciliano Ramos elimina tudo que não seja do homem, da miséria, da condição trágica, de um fatalismo cruel. O seu realismo não se detém na marcha para as descobertas terríveis. Tudo o que ele sente, ele diz. Por isto os seus romances só agradam aos que são difíceis de agradar.

Daí a sua verdadeira grandeza. Os seus personagens não procuram o mistério para se esconder. São, no entanto, instrumentos do mistério, do mais tenebroso mistério que é aquele que é o próprio homem na solidão.

Graciliano Ramos é o romancista da solidão. É o romancista que está só na profundidade de seu poço, na companhia de todos os seus eus, de todos os seus monólogos. Alguns de seus personagens falam, mantêm diálogos com sombras.

A realidade profunda, a verdade única está no fundo da alma. É o primeiro caso na literatura brasileira de um homem que não ama a natureza que o cerca. Muito amou Machado de Assis as chácaras da Tijuca, as águas da Guanabara, os arvoredos do Cosme Velho. Vibrava, o velho cético, com as acácias e as palmeiras dos jardins cariocas.

Graciliano Ramos é um retratista sem fundo. Tudo nele se concentra no que é homem, no que é a tragédia de ser homem.

Os seus romances, por esta maneira, ganharam em profundidade, em análise sem piedade, em síntese desesperada. Ele criou uma galeria que é a mais dolorosa do nosso romance. Os homens e as mulheres, até os bichos que ele cria, são criaturas que carregam a vida como o maior castigo. Não há solução para aquelas almas. Mas tudo isto com uma força de quem se concentra, de quem pode manobrar suas energias como um faquir.

A língua de que ele se serve é um instrumento de fabulosa precisão. Não há nela um desgaste de peça, um parafuso frouxo. Tudo anda num ritmo perfeito. É um mestre da língua para muitos. Para mim ele é mestre de ofício mais difícil que o de manobrar bem as palavras. É um mestre como fora Stendhal, de palavras precisas, mas de paixões indomáveis.

A grandeza do mestre Graciliano está nisto, em que sendo um homem de poucas palavras, é, na solidão de sua obra, um escritor de vida eterna.

O POETA MANUEL

Os suplementos literários dos jornais de ontem vieram abundantes de Manuel Bandeira.

É que o poeta chegara à casa dos 60 anos e isto foi motivo para uma justa e exaltada louvação do seu estro. Mas louvor que não excluiu uma crítica da obra deste homem bom e superior que chegou ao maior de sua força de criador sem nunca ter sacrificado, um instante sequer, a sua magnífica bondade de coração.

O que faz de Manuel Bandeira o homem moço de sempre é a sua absoluta ausência de rancor contra o destino. O rapaz que nascera para a vida radiosa não se transforma numa mágoa ressentida, numa ferida aberta, não increpa, não se azeda, não dá espetáculos de suas dores. É viril, é de jogo duro, na disputa da felicidade. E, no trato da musa, no serviço de sua arte maravilhosa, é o mais severo e o mais liberal, ao mesmo tempo.

Quando os fogos da juventude ardem no seu sangue, o seu conto tem um acento de pungente amor que não se realiza. O poeta domina então as angústias e os arrebatamentos dos sentidos com o metro, a disciplina ascética. Parece-me um romântico que tem a certeza da "cinza das horas".

Toda a arte poética de Bandeira está, para mim, na harmonia que dentro se dera, entre o romântico criador e o clássico de esplêndida sabedoria que existem na sua natureza. Paul Valéry disse uma vez que "tout classicisme suppose un romantisme antérieur". Não será o caso do nosso poeta que é sempre um romântico no seu classicismo, na sua admirável ordem interior. Uma vez, ele chamara o seu próprio ritmo, de dissoluto. E o que saiu desta dissolução foi a forma mais perfeita da nossa poética. O que um crítico dissera sobre o clássico, isto é, que este estado de espírito implica em atos voluntários e refletidos que modificam uma produção natural, não se realiza com o poeta Manuel Bandeira, que, no mais espontâneo da sua criação poética, não altera nem perturba o seu prodigioso domínio sobre si. O meu querido poeta é um romântico que não negligencia nada. No ímpeto de seus arrancos há sempre um princípio de ordem que o orienta para as estradas reais. Ele não se perde nas selvas nem se confunde com os atalhos.

Porque sabe de onde vem e sabe para onde vai.

[CINCO RESPOSTAS PARA UM INQUÉRITO SOBRE O OFÍCIO DO ESCRITOR]

Da revista *Ensaios*, de orientação de alunos da Faculdade Católica de Direito, me mandam um inquérito, com cinco perguntas, as quais procurei responder, desta minha coluna d'*O Globo*.

Qual é o objetivo de sua obra literária?

— Tenho para mim que a pergunta se parece com esta outra: Qual a finalidade da vida do homem?

Uma obra literária é como a vida do que a criou. Terá, por conseguinte, um único objetivo: ser a vida do seu criador. Se é de fato, viva, se tem mesmo relação com o homem, será uma necessidade, uma utilidade, como diria Croce.

A literatura é uma fuga ou uma intensificação da vida?

— Uma fuga da vida, não é literatura, é suicídio, é a negação da própria vida. Desde que existiu poesia, drama, romance, tragédia, existe a presença do criador, isto é, existe a sua intimidade com a vida.

Qual deve ser a posição do escritor ante a política?

— A posição de toda criatura humana. A posição de quem é filho de Deus, e a de quem Deus deu a consciência, o poder de querer ou não querer, o poder da escolha, a liberdade de agir. O escritor que se imagina puro, porque se acredita, além da política, não passa de um doente da terrível doença do orgulho. Não será um homem puro, será um homem corrupto.

Um escritor pode criar personagens que não sejam tiradas de si mesmo?

— Isto é mesmo que perguntar a uma mãe: poderá a senhora parir o seu filho sem que este filho venha de suas entranhas? Tudo que é personagem de um escritor é sangue, plasma, alma deste escritor, mesmo que seja um monstro de Hugo, um louco de Dostoiévski, um cínico de Stendhal, um anjo Ariel de Shakespeare.

Há alguma ligação entre o belo e o bom, a moral e a obra de arte?

— Para Gide não se faz boa literatura com bons sentimentos. Mas eu acredito que bom e belo, moral e arte quando se encontram dão grandes coisas. Mas que podem não se encontrar, podem.

[GILBERTO FREYRE E JOSÉ AMÉRICO DE ALMEIDA]

Em 1923, em pleno surto do Modernismo, voltava de seus estudos nos Estados Unidos e Europa um rapaz chamado Gilberto Freyre. E logo se iniciou com ele um verdadeiro movimento paralelo ao desencadeado em São Paulo e Rio. Freyre trazia para a nossa vida literária a paixão de um jovem que, longe da pátria, tivesse descoberto, pela saudade e pela intuição genial de observador, a sua região, o seu condado de Wessex, como um Hardy, aquela presença da Escócia de um Robert Louis Stevenson, mesmo quando ele estava em suas ilhas do Tesouro ou em Samoa. O regionalismo de Gilberto Freyre não era um capricho de saudosista, mas uma teoria da vida. E, como tal, uma filosofia de conduta. O que queria com o seu pegadio à terra natal era dar-lhe universalidade, como acontecera a Goethe com os lieder, era transformar o chão do Nordeste: de Pernambuco, num pedaço do mundo. Era expandir--se, ao invés de restringir-se. Por este modo o Nordeste absorvia o movimento moderno, no que este tinha de mais sério. Queríamos ser do Brasil sendo cada vez mais da Paraíba, do Recife, de Alagoas, do Ceará. Em 1926 o grande mestre firmava, no congresso do Recife, as pedras fundamentais de sua obra ciclópica. Em torno dele formou-se uma geração de homens admiráveis e decisivos. Olívio Montenegro, Aníbal Fernandes, Sylvio Rabello, Júlio Bello, Luís Cedro, Luís Jardim. *A Província*, jornal que Freyre dirigiu, não era somente província pelo cabeçalho. Foi verdadeiramente uma aglomeração de valores regionais e brasileiros. Na Paraíba, em 1928, José Américo publica o romance em que desde 1922 traba-lhava: *A bagaceira*. Lá de um sobradinho da rua das Trincheiras, o areiense José Américo projetou-se, de repente, para o Brasil, com um livro que trazia todo gravado nas suas recordações de infância. Um homem que levara onze anos enterrado nos autos da relação do seu estado, no duro ofício forense, que gastara a mocidade melhor nos atritos de uma profissão absorvente, pudera conservar as fontes de sua criação literária. *A bagaceira* é o primeiro grande romance do Nordeste. Poderíamos falar do *Mulato*, de Aluísio Azevedo, o grande Aluísio que iniciou e consolidou o romance naturalista no Brasil. Ainda do Nordeste, o mestre de *Casa de pensão*, do *Cortiço*, peças básicas da nossa ficção. Poderíamos ainda falar de Rodolfo Teófilo, de Adolfo Caminha, de Domingos Olímpio e das remotas tentativas de Franklin Távora, Pápi Júnior. Todos estes não chegaram às obras decisivas. Mas teremos que tomá-los a sério pelo tenaz esforço que fizeram para fixar a expressão da nossa realidade. Poderíamos isolar *Luzia-homem* como o mais característico livro da geração dos cearenses que, dos meados do século aos princípios da nossa era, mostraram vocação tão profunda para a novela. Em *A bagaceira* há originalidade de um estilo, a forte presença de um ambiente, o trágico dos destinos que cruzam em atitudes que se projetam com o relevo de vida autêntica. Ali está o Nordeste no vigor expressivo das imagens, nos arrancos dos gestos que ligam o homem à natureza. A vida e a morte são matérias-primas do autor. É o homem vivo que não quer morrer; não é somente uma atitude, é a própria condição humana agitada pelo pavor, pela desordem, pela ânsia de sobreviver. O estilo tem tudo da terra, nos seus contrastes: a mágica fartura, a rigidez das pedras, o frescor das matas cheirosas, a máscara lúgubre dos cariris cobertos de vegetação de via-sacra, a barriga cheia e a fome devastadora. O romance moderno brasileiro começou com *A bagaceira*.

[OS REGIONALISTAS DE 30]

"São os do Norte que vêm" – repetia Manuel Bandeira, em poema de circunstância, a ênfase de Tobias Barreto. Chegavam os do Norte, ou melhor, do Nordeste, com os seus romances. Graciliano Ramos, a dor como uma revelação da vida. O romance de Graciliano é uma desidratação da carne. Tudo neste homem é nervo exposto, é a agonia de um tempo em liquidação. Nem o amor materno resistiu aos ácidos do homem tremendo do *Infância*. Para ele só existiu a pedra dura onde os seus restos de carne sangrariam. Mas como grita a sua dor que queria falar baixo, como nos comunica uma vontade de fim de uma criatura, que nada queria nem de Deus e nem dos homens. É Graciliano Ramos um pedaço rude do Nordeste. Rachel de Queiroz, esta quer se fazer de mais magra nos exercícios de continência a que submete a sua prosa. Dentro da menina que nos deu *O Quinze*, havia e há uma lírica, a poesia dos que sabem descobrir no fato rude pontos de ternura. Em Graciliano o fato é uma constante de desespero; em Rachel, não. A grande Rachel traz constantemente no coração um manancial de entusiasmo pelo viver. Daí as suas intimidades com as coisas, uma certa alegria de sentir-se da espécie humana. E como tal, vai descobrindo, na vida, constantes de amor. Quando viaja pelo São Francisco ela se volta para o rio e chama-o de "Velho Chico". O fato para ela vale pela poesia que dele se pode extrair, como de cascalho a gema preciosa. Jorge Amado, já não é tão dos nossos como Rachel e Graciliano, porque lhe falta aquele "senso de humor" que é a nossa força. Os seus romances querem salvar a humanidade. E pelo que sei, romance algum, até hoje, teve forças para tanto. É assim, apesar de seu imenso talento, mais um esforço de proselitismo. Não é a saudade o que canta nas suas evocações baianas, como a saudade da "Canção do exílio" de Gonçalves Dias. Não é forma que o alimenta como nas dolências verbais de José de Alencar. Não é a dor que provoca como em Graciliano Ramos. O que conta para o nordestino é, sobretudo, a autenticidade. E é o que não há na obra sensacional de Jorge Amado. A força extraordinária de narrar do baiano perturba-se com as tarefas ideológicas. Nunca se fez romance nem arte com ideologias. As ideologias é que procuram os artistas para servir-se de suas descobertas no humano. Do Quixote saíram as mais variadas meditações sobre o destino.

Depois de 1930 o Nordeste tomou um lugar certo na literatura brasileira. Voltou a ser, como nos tempos de Gonçalves Dias e José de Alencar, um foco de irradiação. É que puseram os nordestinos para funcionar uma máquina de criação que se alimentava de realidades concretas. A vida que eles traziam para os seus livros, para sublimá-la, não era uma mentira ou uma convenção. A realidade doía nos personagens de José Américo de Almeida, de Graciliano Ramos, de Rachel de Queiroz, de Amando Fontes. O homem que se desencantava em personagem não carecia de fingir para parecer: o que era de fato. O regionalismo da teoria de Gilberto Freyre se exprimia em novelas carregadas de universal, de destinos que não seriam somente da vida, mas a própria vida.

O CORAÇÃO NAS CHUTEIRAS

O FLA × FLU EM RECIFE

A grande parada esportiva dos gramados cariocas vai ao Recife para uma demonstração de gala.

E, assim, Flamengo e Fluminense vão se encontrar em terras pernambucanas numa partida que, ao certo, contentará os numerosos fãs dos dois clubes.

Mais uma vez o futebol se transforma num elemento de ligação, de alegria e festa para o povo. Os promotores do encontro de domingo foram felizes na iniciativa, que terminará em sucesso. E assim teremos em Recife o duelo das duas mais simpáticas torcidas do Brasil. O Flamengo é o clube do povo de Pernambuco como é do povo carioca. Mas contará desta vez o Fluminense com as simpatias de grandes correntes de fãs, porque com ele irão até lá os dois craques mais populares em Recife, o Ademir do Esporte Clube, e o Orlando do Clube Náutico Capibaribe.

Mas, apesar de tudo, o Flamengo será o favorito das massas.

10 de julho de 1947

COMO DÓI!...

Volta o Flamengo de uma grande campanha ao norte. Vitorioso em campos baianos, pernambucanos e rio-grandenses. A grande torcida rubro-negra, espalhada pelos quatro cantos do Brasil, teve oportunidade de aplaudir a flâmula gloriosa que é um autêntico troféu nacional. Clube algum, neste Rio de Janeiro, poderá fazer o que faz o Flamengo, por onde andar. Isto é, ser em campo, nas pelejas que trava, não um clube de fora, mas um clube da própria terra que pisa.

E se na Bahia joga com qualquer time local, haverá uma torcida flamenga para os aplausos aos rubro-negros. E o mesmo acontecerá em Recife, em Porto Alegre, em Belém.

Porque por toda parte há o Flamengo.

E isto dói em muita gente mordida de inveja. Mas que continue a doer.

17 de julho de 1947

O VELHO FLAMENGO

Meus amigos e meus inimigos, em futebol tudo está acabado. A vitória do Flamengo lavou o meu coração de todas as mágoas, de todos os recalques, de todas as amargas derrotas. Agora só existe a vitória de domingo, a maravilhosa vitória do meu amado Flamengo sobre os donos do futebol do mundo.

Revejo, um a um, os detalhes do combate vigoroso. Revejo o primeiro gol, como uma punhalada no coração, mas ao golpe mortal reagiu o Flamengo, como leão na selva. Todo o time recuperou os sentidos para mostrar que não temia a violência do gol dos primeiros minutos. A bravura do Flamengo atendeu a sua grande torcida. E a nossa rapaziada foi para o campo e mostrou que a nossa glória é aquela do hino, é lutar, é combater até o fim.

Os que foram ao campo à espera de uma derrota, e muitos foram com essa disposição ao estádio do Vasco, devem ter voltado de cara amarrada. O Flamengo, como o Vasco, mostrou que há futebol aqui por estas terras cálidas do Brasil.

31 de maio de 1949

O BRASIL ERA O FLAMENGO

Chego da Suécia convencido de que o futebol é hoje produto tão valioso quanto o café, para as nossas exportações. Vi o nome do Brasil aclamado em cidades longínquas do norte, vi em Paris aplausos a brasileiros com o mais vivo entusiasmo. Disse-me o meu querido Ouro Preto: "Só Santos Dumont foi tão falado pela imprensa desta terra, sempre distante a tudo que não é europeu, como os rapazes do Flamengo".

Este fato, os milhares de franceses que permaneceram no estádio, mesmo com o término da partida, aplaudindo os nossos rapazes, queriam demonstrar uma quente admiração por essa turma de atletas que tinha feito uma exibição primorosa. E a nossa bandeira tremulava no mastro do estádio, naquela noite esplêndida de primavera. O futebol brasileiro deu aos mil brasileiros que ali estavam a sensação de que éramos os primeiros do mundo. Para mim, mais ainda, porque ali estava o meu Flamengo de todos os tempos.

26 de junho de 1951

O FLAMENGO

Mais um ano do meu querido Flamengo. Amo-o como um dos mais ardentes amores de minha vida. E por ele este meu coração de 50 anos bate no peito com as 120 pulsações dos minutos apertados da torcida. Sinto-o na angústia e não me amargo com isso. Aí está a minha paixão incontida, o meu maior arrebatamento de homem, confundido na multidão.

E é por tanto amor que me dói a injustiça dos que não sabem conter as malignidades e se concentram contra um clube sem arrogância, tão camaradesco, sem bobagens, tão largado nas exuberâncias.

Mais um ano do meu Flamengo. E ele cada vez mais no coração do povo brasileiro. Não queremos maior troféu nem maior glória.

15 de novembro de 1951

O CARÁTER DO BRASILEIRO

A Copa do Mundo, que se acabou tão melancolicamente, deu-me uma experiência amarga, capaz de completar as minhas observações sobre o caráter do nosso povo.

Vimos, no Estádio do Maracanã, uma multidão como raramente se tem aglomerado, em manifestações coletivas, no Brasil. Vimos 200 mil pessoas comprimidas numa praça de esportes, nas reações mais diversas, ora na gritaria das ovações, no barulho das vaias ou no angustioso silêncio da expectativa de um fracasso.

Ali estava todo o povo brasileiro, uma média de homens e mulheres de todas as classes sociais. Não era o Brasil de um grupo, de uma região, de uma classe. Não. Era o Brasil em corpo inteiro.

Para o observador social, para os que têm o poder de revelar o que há de particular nos povos, o campo era o mais propício. Mas para mim as observações começaram antes dos jogos sensacionais. Tive a oportunidade, como dirigente, de travar conhecimento, mais íntimo, com os que procuravam acomodações, com os que tinham parcela de mando, com os que se sentiam com o direito de crítica, e mais ainda, com a lama das sarjetas, que queria passar pela água mais lustral deste mundo.

E me perguntará o leitor: Que impressão lhe deixou o brasileiro? Boa ou má?

Eu diria, sem medo de cair no exagero: uma boa impressão. Senti que havia povo na nação – nova gente com capacidade de se congregar para uma causa, para uma obra, para os sofrimentos de um fracasso. Fizemos um estádio ciclópico, em menos de dois anos; organizamos um campeonato mundial, o de mais ordem até hoje realizado; formamos uma equipe quase perfeita de futebol.

E, quando o título nos fugiu das mãos, soubemos perder, dando aos turbulentos sul-americanos uma lição de ética esportiva.

Aí está o lado positivo e bom do caráter brasileiro. Mas há os outros lados. Há os nossos defeitos, as nossas fraquezas, as nossas deficiências.

Sim, há o brasileiro que é um adorador da vitória, o homem que não admite o fracasso. Vencesse magnificamente a nossa equipe, e tudo estaria no ápice. Subia-se a montanha de um fôlego só. Nada havia melhor do que o Brasil. Seríamos, no mínimo, os maiores do mundo. Mas se, numa luta de igual para igual, perdeu-se a batalha, como aconteceu na última partida, então não seremos mais os maiores do mundo, passaremos a ser os piores. Cospe-se na cara dos heróis que, três dias antes, tinha-se carregado aos ombros.

Em todo caso, passado este insulto de abissinismo, voltamos ao espírito de justiça e chegamos a reconhecer a fraqueza que cometemos. Não persiste o brasileiro no erro e fica à espera de outra vitória para adorar.

A NATUREZA MERECE PAZ

VASSOURAS (II)

O viajante que se destina a Vassouras vai olhando um trecho de terras que o ônibus atravessa, os cortes na serra, os baixios, as velhas casas, a gente que trabalha e sobretudo a desolação. O mês de estiada vai deixando tudo a descoberto.

— Tudo isto foi obra do café – lhe diz um companheiro. — Tudo isto era uma zona fértil, coberta de matas, uma terra fecunda, mas veio o café e, em menos de um século, acabou com tudo.

De fato o viajante olha para os altos, para as encostas, e vê uma terra careca, raspada, morta, com fístulas abertas, com os cupins de terra, como tumores estourando por toda a parte. Tudo, no fim, uma carcaça exposta ao sol. O barro vermelho se abre, de quando em vez, com veias esgotadas de onde não brota nem o verde do capim-gordura.

O companheiro de viagem vai falando:

— Tudo isto aqui foi terra de muitos recursos. Ali foi a fazenda de um barão. Milhares de cafeeiros cobriam estes altos que o senhor vê agora roídos, sáfaros de fazer pena. Hoje só dá carrapato e formiga. A velha fazenda do Pau Grande tinha de tudo. Ali o senhor encontrava o que havia de mais moderno na agricultura, fazendeiro de muitos carros de cavalo, de quadros pelas paredes, igreja, livros, uma fartura que a terra dava de mão beijada. Cresceram fortunas por estas terras, os barões do Império saíam daqui. Milhares de negros, sobrados de príncipe, festas de rei, tudo isto se foi, e a terra é esta que o senhor vê.

O ônibus ia cortando a estrada bem conservada. De quando em vez um pé de mulungu pintava de vermelho a terra cinzenta. Parecia a última gota de sangue que aquele grande corpo em ruína vertia. Era tempo dos mulungus floridos pelos caminhos da velha Vassouras.

— Acabou-se tudo – continuava o homem informado. — Ficaram criando gado, mas o pasto é um quase nada, o capim que cresce não tem força.

Na verdade a impressão que nos deixavam os altos descobertos era da desolação mais tocante. A lavoura tinha comido tudo. Era uma paisagem de esqueletos ao sol. O céu dum azul translúcido, o ar fino e bom, e o que a vista alcançava fazia dó. Palmeiras-imperiais balançavam-se ao vento, eretas como sentinelas guardando um campo-santo. Era a terra esgotada até a sua última gota de seiva.

O homem informado queria falar, queria acusar, queria dar o seu remédio, fazer a sua queixa. Ele acusava o café e os fazendeiros:

— Tudo isto, obra da imprevidência, do pouco caso. Queriam o café, e o mais que se danasse; nunca cuidaram da terra. Havia outras para as derrubadas, havia outras para dar tudo depois que aquelas se esgotassem.

O viajante olhava para os altos. Um boi magro arrancava uma touceira de capim seco. E a pobre terra deixava ver bem as feridas de seu corpo, os buracos, os sulcos, as entranhas podres. O ônibus virava numa curva. Avistavam-se então tufos de verdura. Não era lavoura. Seriam touceiras de bambu, bem verdes, no meio daquele pardacento geral. Um caminhão carregava latas de leite numa porteira de fazenda.

— E tudo o que se consegue por aqui – foi dizendo o homem informado — são estas vaquinhas para leite. O mais é isto que o senhor vê. É terra morta, é formigueiro, é cupim.

Mas os pés de mulungu, floridos da cabeça aos pés, enchiam a desolação de uma vida intensa. Só eles pareciam vivos no meio daquele enorme cemitério.

O viajante vinha lendo no trem uma entrevista sobre erosão. E, sem querer interromper o companheiro bem-informado, ia verificando que a miséria daquelas terras viera mais da erosão do que do cafezal. O cafezal trouxera a erosão, mas o mal poderia ter sido evitado. A terra poderia ter sobrevivido ao cafezal. Os americanos do norte fizeram da erosão inimigo número um de seu solo. E organizaram planos, convocaram técnicos, e assim vão se defendendo do perigo, combatendo as enxurradas, as torrentes.

Paulo Prado me dizia há sete anos em sua fazenda São Martinho: "Mais do que o sangue das três raças tristes, mais do que a luxúria, mais do que os péssimos governos, mais do que tudo isto, o pior é a erosão".

Mas a entrevista que o viajante lera no trem falara da reação do homem brasileiro ao perigo. Em São Paulo e em várias outras regiões do país, começara-se o combate sem tréguas à erosão. Restituiu-se à terra o que os homens imprevidentes haviam devorado, sem piedade. Toda a tristeza do viajante se consolava na esperança de que o homem no Brasil soubesse corresponder à grandeza da terra.

1941

O CRONISTA, AS BORBOLETAS E OS URUBUS

Fui hoje pela manhã, em caminhada a pé, até o estádio do Flamengo com o intuito de assistir ao treino do rubro-negro. A manhã era toda de uma festa de luz sobre as águas, os morros. Alguns barcos ainda se encontravam na lagoa, e os pássaros do arvoredo da ilha do Piraquê cantavam com alegria de primavera.

Tudo estava muito bonito, e o cronista descuidado e lírico começou a caminhada, para gozar um pedaço desta maravilhosa cidade do Rio de Janeiro. E com esse propósito, de camisa aberta ao peito, procurou descobrir as borboletas azuis do seu caro Casimiro de Abreu.

Mas, em vez das lindíssimas borboletas, o cronista foi encontrando soturnos urubus, a passearem a passo banzeiro, por cima do lixo, das imundices, dos animais mortos, de toda a podridão que a prefeitura vai deixando ali, por detrás dos muros do Jockey Club. Fedia tanto o caminho que o pobre cronista, homem de 90 quilos, teve que correr para fugir, o mais depressa possível, daquele cenário nauseabundo.

A manhã era linda, e o sol, apesar de tudo, brilhava sobre o lixo, indiferente a todo aquele relaxamento dos homens.

5 de maio de 1945

MONÓLOGO DE ÔNIBUS

Desta vez não haverá conversa de lotação, mas um monólogo de ônibus. Por acaso, meu caro leitor já se sentiu um homem, como numa ilha dentro de um ônibus cheio de gente? Por acaso já se viu, único, como se estivesse no silêncio de um deserto, na companhia incômoda de seus pensamentos?

Pois foi o que aconteceu a este seu amigo, em viagem matutina de Cantagalo a Friburgo. A terra morta dos cafezais, os altos carecas, a beleza maravilhosa do dia claro, e por toda parte as marcas de uma civilização que se acabou. Do meu canto eu tomava nota de tudo. Há cinquenta anos atrás tudo aquilo eram fazendas de cem e mil arrobas de café. O que os olhos viam, o que a vista alcançava era cafeeiro na floração, na madureza, nas colheitas, na fortuna que a terra dava de mão beijada.

As fazendas se agrupavam no casario de sobrado, dos terreiros, da grande vida, à larga, das carruagens pelos caminhos tortos. Lá estava a fazenda da Torre. Um grande da terra mandou levantar aquela torre grega, no pátio da casa senhorial, como um luxo de quem quisesse gastar o seu dinheiro no bonito supérfluo. Agora a torre parece uma ruína secular, e a terra queimada, estorricada, quando dá alguma coisa é um capim rasteiro que nem chega para cobrir-lhe a nudez de mendiga. Uma terra rota e esfarrapada. Olho para os dois lados e só vejo a desolação inclemente. Olho para os campos e o gado que pasta lá por cima é de bois que se esgueiram pelos precipícios, atrás da touceira ressequida do gordura mofino.

E tudo aquilo já foi uma riqueza de inveja. E tudo aquilo não passa hoje de uma miséria que não se disfarça.

O meu silêncio me convida a medir as coisas, a tirar as minhas conclusões, a descobrir as origens, a pesquisar as raízes da vida geológica.

Vejo as encostas dos morros raspados, com a argila marinha. Tudo corroído e tudo imprestável.

É que o homem não tem a visão dos acontecimentos. É que os capitães não cuidaram. É que existe uma palavra, que se chama erosão e esta palavra dá o nome à doença maligna da terra.

Havia o cafezal, e, por onde havia o cafezal, as chuvas foram correndo e foram raspando o húmus, arrastando todos os detritos fecundantes, cavando, até a argila, o leito das culturas. E depois os ventos nas correrias cobrindo o mundo de poeira, completando assim a obra sinistra dos aguaceiros.

E o homem não via nada, o homem não imaginou nunca que a obra de Deus também era a força dos ventos ou a força das águas. Assim, a erosão liquidou um patrimônio que parecia eterno. Fez-se o deserto, na terra que tudo tinha de uma terra de promissão.

A fortuna em grãos de ouro se transformaria na desgraça dos campos desolados. Tudo obra da erosão.

O meu monólogo interior continuava a me doer na alma. Olhava para fora e, lá distante, a majestade de um ipê se cobria de um amarelo ridente.

Os meus companheiros de ônibus falavam de briga de galo. E as águas de uma cachoeira caíam, lá de cima, como uma gravura de Rugendas. Mas o meu pobre Brasil se acabava.

O LÍRICO DO JARDIM BOTÂNICO

Olho para a manhã de maravilhoso sol. O vento que sopra mal dá para mover as palmeiras do Jardim Botânico. As "imperiais" se mexem devagar, solenes e belas. A paz do bosque me convida a um lírico passeio pelos recantos sombrios. A luz que cai sobre as árvores penetra através das folhagens. Os pássaros rompem aquele silêncio da mataria com trinados e ruflar de asas. Permaneço na expectativa de que me apareça um visitante qualquer para uma conversa. Não me agrada a solidão mesmo quando esteja num pedaço do paraíso terrestre como aquele. Nada de deixar a imaginação sair à procura de "monstros" e ilusões perniciosas. Paro na aleia dos bambus, quase que um túnel, o chão coberto de folhas secas. E de súbito escuto uma voz que me chama. Volto-me e uma pessoa desconhecida se aproxima. Nunca vira aquela cara que se abria num bom sorriso.

*

"Sei bem quem é o senhor, e o senhor não me conhece. Moro por aqui há mais de trinta anos. Sou um desconhecido. E não quero ser outra coisa. Desconhecido e esquecido. Mas gosto deste jardim. Venho quase todos os dias para conversar com os pensamentos. Nada me perturba, nos meus silêncios. Os guardas me conhecem. Já muitos deles morreram e se aposentaram desde que descobri esse recanto. Às vezes vêm colégios e as crianças enchem o jardim de alegria. Mas se vão, e fica outra vez o silêncio. É este silêncio que me enche a alma. Em dias de chuva tudo isto fica somente para mim. Às vezes me abrigo debaixo de uma destas árvores e deixo que a chuva caia horas seguidas. E ainda mais me defende o silêncio. Os automóveis que roncam, lá fora, me fazem um mal de morte."

O homem era magro, tinha cabelos grisalhos e falava num tom de voz macio, sem estridência. Era como se fosse um deslizar de regato. Doce voz de calma, de tranquilidade, de quem se movia na vida com pés calçados de lã. Ficamos calados. Não tive coragem de perturbar o silêncio que me envolvia.

*

"Sei quem é o senhor, pois lhe leio os artigos. O senhor gosta das árvores. Mas são poucos os brasileiros que gostam das árvores. Aqui aparecem tipos sem coração quem vêm de canivete abrir nomes nos troncos. Outros sujam a relva de comida. Largam papéis de jornal ao vento. Sofro, meu amigo, com essas depredações cruéis. O Brasil é um país de assassinos de árvores. Matam-se árvores, entre nós, com fúria de bandidos. É por isto que me refugio neste parque maravilhoso. Aqui fico horas e dias, no meio dessas árvores. Sei a história de cada uma. Conheço as suas doenças. É duro quando morrem. São as minhas árvores queridas."

O homem magro tinha os olhos marejados de lágrimas. Quis me despedir e ele não deixou.

"Chamo-me Gaspar de Lima e sou dentista. Não preciso de trabalho para viver. O meu pai deixou-me fortuna. Ele foi um grande invernista em Goiás. Engordava boi para os frigoríficos."

O terno e lírico Gaspar Lima amava as árvores do Jardim Botânico. Podia encher os seus ócios no silêncio das alamedas. O pai que engordava boi para os matadouros lhe deixara o bastante para que pudesse ele gozar a paz de uma vida virgiliana. Os automóveis lá de fora urravam como os bois do pai, do terno dentista.

ARTE E VIDA

CÍCERO DIAS EM 1929

Vejo Cícero Dias e me voltam os velhos tempos do Rio: a casa de dona Nazaré Prado, o velho Graça Aranha, Jayme Ovalle inédito, Aníbal Machado inédito e com basite, Manuel Bandeira na rua Curvelo, Murilo Mendes ainda na fase satânica, Di Cavalcanti querendo salvar a humanidade e os restos do Futurismo na poesia, as querelas da Semana de Arte Moderna dividindo a literatura, João Ribeiro aceitando os novos, enfim, um Rio de Janeiro sem Copacabana de arranha-céus. Tempos de livrarias cheias e dos sambas de Sinhô fazendo furor. Por este tempo Ovalle iniciava-se na "magia negra" e era um belo rapaz de monóculo e cabeleira ondulada. Manuel Bandeira não se dava com o rei de Pasárgada, e não lhe aparecera a estrela da manhã como a sua estrela de navegador no mar da vida. Então apareceu Cícero Dias. Era um menino de engenho com a loucura da arte. E deu-lhe uma febre, como de maleita, uma febre que fazia o seu corpo tremer e a sua alma pegar fogo. Cícero Dias começou a revelar o mundo numeroso e estranho dos canaviais, das paixões furiosas, dos sonhos que eram verdadeiros incêndios dos sentidos. Tudo o que era o grande e o torpe, tudo o que eram as secretas profundidades do inconsciente, explodia como uma boca de vulcão. Larvas desceram pelas várzeas do Jundiá e Cícero Dias parecia um Vesúvio sobre Pompeia. Foi tão extraordinária a sua aparição que os modernos da Semana correram dele. O pintor Cícero Dias arrasou com as medidas e as teorias que a Semana de Arte havia imposto como cânones. O jovem pernambucano, em 1929, deu à vida artística do Rio uma impressão de quem viesse de uma estação no inferno.

[MESTRE CHOPIN]

Na manhã de sexta-feira, de céu nublado, com morros cinzentos e o mar de azul mais escuro, em terra brasileira, o mestre Chopin se firmava para sempre. Bronze e pedra lhes dariam a eternidade que a sua arte já conquistara de sobra. Aí está como que em atitude de quem se volta para o seu mundo interior. A dor da criação lhe crispa o corpo inteiro. Tudo que vem de fora é alimento e substância de sua vida. O mundo não o esmaga, as misérias, as brutais desgraças não o vencem. Frederico Chopin amou com tamanha intensidade que o amor lhe deu o maior poder que existe que é aquele de transformar o particular no universal. Quando um homem chega a ser o que ele é, para todos nós, espécie de protetor contra o enfado, contra a indiferença; quando um homem nos dá coragem para viver, embora ele próprio tivesse morrido a cada instante em sua própria vida, é que há nele um poder que parece mais dos deuses do que do homem. Este músico de existência precária, de pequeno sopro vital, foi, no entanto, uma natureza de energia estranha. O século em que ele viveu pensava na morte como em espetáculo. Quase que a morte era uma festa para a arte que se sublimava nas marchas fúnebres. Vinha-se das matanças de revoluções e guerras terríveis. Um cheiro de cadáver, de putrefação penetrava até na poesia. Matava-se pátrias. A Polônia era esquartejada. O delírio da força tomava conta dos povos. Foi por este tempo que Chopin daria a sua arte para a resistência. Há em sua música a dor terrível dos românticos. O amor infeliz cava-lhe cavernas no corpo. Mas, de súbito, o rapaz pálido, o íntimo da morte, o noturno Chopin cresce de porte, anima-lhe a alma uma coragem de rebelado.

É aí que o povo de sua terra encontra a sua voz autêntica. A música se faz de mais forte, de mais enérgica que as armas de guerra, fala mais alto que o grito de opressão. O prussiano não é nada para o rapaz franzino que compõe uma "polonesa". A chama do coração devastado pelas dores do amor ofendido, sobe para o alto. Há a dor de um povo inteiro a clamar justiça. Este Chopin, carne e espírito da Polônia, desafia os exércitos de conquistador. A realidade transitória era uma Polônia vencida, como o pasto para as bestas insaciáveis. A verdadeira realidade estava em Chopin e nos poetas que não se rendiam. A terra rica, os campos floridos, as cidades heroicas estavam dominados, pisados, trucidados. Tudo isto era da circunstância. A Polônia, no entanto, continuava a viver com a mesma astuta vitalidade. Não tinha exército, não tinha governo, não tinha existência política. Mas tinha existência poética. E é esta existência poética inédita que lhe daria mais tarde tudo o que lhe faltava. Podia desaparecer tudo, continuasse, porém, a existir um canto da terra, que o povo estava vivo e forte.

Foi assim que a Polônia sobreviveu. Um Chopin que lhe exprimiu a alma foi capaz de lhe defender o corpo violado. A arte de um músico foi-lhe mais inexpugnável fortaleza que as outras que se entregam aos inimigos.

O mestre Zamosyski, polonês da velha fibra, é de mesma categoria daqueles que são capazes de resistências. Tomam-lhe a terra da pátria, mas ele não se entrega, não se submete.

A olhar para o nosso mar, rodeado de nossos morros, em pé sobre um pedaço de nossa pedra, está o Chopin que ele criou para o Brasil. O homem magro que arrancara do coração do povo e das entranhas da terra o cântico de rebelado, não será somente aquele triste lamento dos noturnos. Em Chopin jorra vencido o mal do século. A Polônia teria que viver porque viveria a sua música, as suas danças, os seus cânticos de letras e de trabalho.

Para o Brasil, Chopin é um mestre muito querido. Mas eu queria que ele fosse mais do que um mágico de salas de concertos. Eu queria que o seu exemplo nos ensinasse mais alguma coisa que a sua música dolente nos ensina. É magnífico ouvir-se um Chopin que nos amansa as asperezas de certos instantes.

O outro Chopin, o que sentia a presença bestial do invasor, o que corria para o povo, para lhe pedir a proteção do seu gênio este Chopin, que esteja ali na Praia Vermelha. Ele é, em todos os tempos, a prova de que mais do que os tiranos vale a arte que não se entrega.

MÚSICA CARIOCA

Escuto na boca da noite quente, como fornalha, o gemer espichado de um bolero traduzido em palavras de amor destroçado. O pobre queria ser um vagabundo para rimar com mundo. Mas o canto triste foi o bastante para me dar a impressão de uma falência melancólica. A música de rua, a picante e melodiosa música dos sambas, se degradava na pífia imitação de vulgaridades sul-americanas. Passei, então, a me lembrar dos gênios mortos, dos tangos de Nazareth, do nosso "Sinhô", da triste música que brotava do coração brasileiro, dos sambas que se geraram, das modinhas e dos maxixes sacudidos. "Sinhô" fecundara-se, sem saber, de germes do passado e chegara a cantar de coração ferido, mas de espírito sadio. A música dos mortos cariocas tinha a originalidade de um depoimento pungente. Claudionor descia da favela para carregar sacos de café no cais do porto. O amor dava-lhe força para muito mais. Mas amor não era só a coragem de Claudionor. E, depois, a música não ficava à espera das ordens das massas para servi-las como criada. Era a música que fazia a festa. O povo procurava os sambas e as marchas para encher a alma e animar o corpo. A grandeza dionisíaca do Carnaval dirigia-se pelos ranchos, pelos tamborins, pelos violões enlouquecidos. Havia música carioca com o seu pegadio voluptuoso. Agora a indústria do disco e as facilidades do rádio liquidaram a mágica espontaneidade dos criadores. Há uma verdadeira bolsa de melodias e letras que chegou à última degradação mercantil. E como a criação artística não é um comércio de portas abertas, o que vai aparecendo se abastarda nas imitações confrangedoras. Os tais boleros, mistura de melodia mexicana e italiana, abafaram a verdadeira música dos morros. Muito se fala de Mangueira, de barracos, de estrelas atravessando os telhados de zinco. Tudo dos dentes para fora. O que existe mesmo é a macaqueação dos boleros de *boîtes*, é a monotonia de histórias de amor infeliz, toda a armação para iludir e esconder os furtos ostensivos. A música de um Ary Barroso, de um Caymmi, de um Noel Rosa, de um "Sinhô", de um Nazareth não pode se confundir com estes plágios que se agarram aos microfones e nos martirizam os ouvidos.

VAN GOGH

Saindo, outro dia, da Exposição Francesa, Mário de Andrade me dizia, com a sua maneira curiosa de falar:

— A pintura começou com os impressionistas, começou com a cor.

Pode haver exagero, pode haver um certo tom generalizador na afirmativa de Mário, mas no fundo ele tem razão. A cor, a cor como substância, como vida, como conteúdo, foi encontrar nos impressionistas verdadeiros iniciadores.

É que a pintura não se deixara minar pelo Barroco, a pintura resistira mais que as outras artes à força criadora, ao surto vital do Barroco.

A escultura, a arquitetura haviam se entregue de corpo e alma à aventura libertária. O próprio El Greco, que seria o mais barroco dos pintores de Espanha, era, como Miguel Ângelo, um estatuário de gênio manejando pincéis. Mas em El Greco o drama da cor não se consumara intensamente. E nem, mais tarde, em Goya. Este drama seria o dos impressionistas, seria o drama da pintura dos fins do século XVIII, e de todo o século XIX.

A pintura descobrira, assim, mais alguma coisa que o maravilhoso claro-escuro de Rembrandt, descobrira a quantidade musical de sua expressão, o poder de tirar da carne, das árvores, das flores, da água, da terra, alguma coisa que era tão viva como a sua geometria, como a sua forma; revelar cor que era como se fosse o seu sangue.

A pintura, assim, era mais uma criação de Dionísio que de Apolo, era mais uma obra do homem de carne e osso que uma ópera de anjos. A chamada palheta do Criador, do Supremo

Artista, devia ser o primeiro pincel impressionista, o pincel de um romântico. Deus é o maior dos românticos porque é o maior dos criadores. Deus é um arquiteto barroco. E quando aparece um Da Vinci, é para contrariar a vontade de Deus e transformar-se num herético, num anjo rebelado.

Van Gogh foi um gênio do Barroco, o primeiro grande pintor do Barroco. Ele via os seus ciprestes como colunas de fogo, os seus girassóis eram discos solares, a terra que pisava parecia quente ainda das mãos de Deus. Ele dava às coisas as cores que nem todos viam nas coisas. A cor, em sua obra, é um potencial de vida, é a ação, o canto que sairia do peito do poeta na fecundação furiosa, a sonata patética. Homem algum poderia trazer, como ele trazia, seiva e humanidade que desse para ilustrar o Apocalipse.

Quando Van Gogh mandou à mulher amada a orelha cortada à navalha, realizava uma loucura. Uma loucura que continha toda a verdade de sua arte. Para ele, pintar ou amar era dar o seu corpo, a sua carne, o seu sangue, a sua alma.

Pintar, reduzir a forma a um drama, ligar-se a Deus para servi-lo como aprendiz. E como instrumento de Deus, ser mais humano que os homens. Mas criar, criar sempre. E Van Gogh criou. Criou, recriou pedaços do paraíso perdido.

A sua pintura é a de um homem, mas de um homem com força de ir até ao mais alto e até ao mais baixo da natureza humana. Foi um poeta que atingiu mais o fundo dos homens que o próprio Baudelaire. Porque ele não sabia do pecado original e não fez da razão um trapézio. Ele viveu a razão até à loucura. Foi do outro lado, atravessou o rio da vida a nado. E criou um mundo. Pode-se dizer que o seu mundo é um mundo de louco. Mas é um mundo como o Apocalipse, cheio das mais duras realidades e dos mais absurdos contos de fada, o único mundo real, o mundo dos poetas.

1940

PORTINARI (I)

Falar de arte, sobretudo de pintura, sempre foi muito do gosto dos literatos. É mais fácil escrever sobre uma tela que discorrer sobre uma sinfonia. E, de fato, a pintura apaixona mais os homens de letras. Parece que a composição de um quadro reúne elementos mais dramáticos, mais vivos, que provocam e interessam aos chamados críticos de arte. E o caso é que os movimentos de revolução na pintura são sempre cheios de lances mais próximos da vida literária. Cézanne deu à literatura um momento de alta tensão, e Picasso nos tempos modernos fez nascer dele um mundo de sugestões. Os pintores são sempre os homens mais negados, mais criticados, os que mais apaixonam e os que provocam as mais ardentes dedicações.

O caso de Portinari, no Brasil, não poderia sair da rotina do que aconteceu aos outros. É ele um artista que atingiu o máximo conhecimento de sua técnica, que é senhor de uma profunda sabedoria de seu *métier*, e é negado pelos que justamente se dizem da tradição acadêmica, do rigorismo gramatical. Por outro lado, é um artista que admite os mais arrojados experimentos da nova pintura e, no entanto, é negado por muitos dos chamados modernos. Preso por ter cão, preso por não ter cão. Para mim, é aí que está a grandeza de Portinari. Ele não se submeteu a nenhuma ortodoxia, não se deixou conduzir pelos chamados *poncifs*, de que fala Jean-Richard Bloch. É um artista em contínua inquietação, em constante busca de verdades. Ficar num canto, muito senhor de si, muito senhor do conhecimento, não é seu clima. Ele faz da pintura uma espécie de luta com o anjo.

O governo do Brasil, quando o chamou para lhe entregar a decoração do edifício de um Ministério, foi lúcido e teve bom gosto. Bom gosto sobretudo, cousa que escasseia sempre nos governos. E os trabalhos realizados nas paredes do Ministério da Educação dariam no que deram, numa gigantesca construção artística. O Brasil está ali. É todo o Brasil o que Portinari exprimiu com uma força de mestre. A pintura que ele empregou, com recursos técnicos ainda não conhecidos entre nós, vale como uma realização de arte capaz de eternidade.

Pintar não é só saber pintar, é saber sentir a pintura, é ir-se além da técnica, com a cabeça, com o coração, com a alma. Fazer da arte uma cousa alheia à vida, uma vitória exclusiva da habilidade manual, ou uma fuga da realidade, não me parece que seja o caminho por onde o artista chegue ao seu destino. Há, na arte, uma necessidade de terra, e de homem, como cousa essencial para que ela não seja um fruto de estufa. O pintor é um homem, é uma criatura de carne e osso, e por força não poderia escapar às ligações com a vida, que são fecundas. Conta-se de Leonardo que na *Ceia* deixara o corpo de Judas sem cabeça por muito tempo, porque lhe escapava a cara, o semblante que exprimisse a miséria de Judas. Dias e dias andou atrás de um exemplar humano que correspondesse àquilo que a sua imaginação ideara. Quando um pintor pinta um retrato, não é uma abstração que ele compõe, é o homem que ele quer descobrir sempre.

Agiu com esse critério absolutamente humano o pintor Portinari nos afrescos do Ministério da Educação. O Brasil está nos seus painéis. Eu não me meto a discutir a técnica, a falar de escolas e de mestres. Eu quero dizer apenas é que o Brasil está nos painéis do pintor brasileiro. Os que eram favoráveis a que se cobrissem as paredes do soberbo edifício em construção com ninfas voando, ondinas e outras composições que foram do seu tempo, esses devem se integrar com o Brasil grande, robusto, caboclo, branco, mestiço, que Portinari exprimiu para todos os tempos.

É neste sentido, no sentido brasileiro, que os painéis de Portinari devem ser tratados aqui. Quanto ao outro lado, o lado da técnica, dos recursos históricos, de sua riqueza de cor e de desenho, falem os que entendem realmente da cousa. Agora, precisamos fixar é a descoberta do Brasil que ele pintou para todos nós. Em um período em que se aguçam os nacionalismos, em que as pátrias de cada um precisam se robustecer para subsistir, Portinari nos deu um Brasil são, com as características de seu povo, de sua gente de mãos calejadas, de resistência hercúlea. Os gaúchos, os nordestinos, os paulistas, os índios, os negros, os meninos, os padres, de seus painéis, são bem elementos de uma pátria que quer viver. E tudo isso sem demagogia e falso patriotismo. O conteúdo de sua obra poderia ter tudo isso, e a sua pintura fracassar. Mas é que para felicidade nossa o pintor é grande, e grande também o seu amor à terra e ao homem de seu país.

Pode-se dizer que Portinari hoje é outro. O pintor do *Café* se enriqueceu nos dois anos que levou estudando o Brasil.

Há pouco tempo, um dos melhores críticos de Portugal dizia admiravelmente: "Nunca houve arte superior onde não se desse esse duplo fenômeno: origem nacional, expressão universal". Os painéis de Portinari, tão plásticos, tão vibrantes de cor, de formas tão humanas, me obrigam quase a tentar uma profecia, gênero de afirmação precário sobretudo em cousas de arte. Diante porém daquela grandeza eu não posso fugir à tentação. O mundo passará por ali um dia. E guias fardados explicarão em inglês, francês ou alemão:

— Estes painéis são obra de um pintor brasileiro nascido na cidade de Brodowski. O Ministério que encomendou este trabalho foi muito criticado pelo seu arrojo. Estes painéis estão segurados por tantas mil libras, por tantos mil dólares.

1941

NIEMEYER

Oscar Niemeyer é um homem pequeno, seco, de olhar bri-
lhante, de poucas palavras, de fala sem brilho, mas com segurança
firme no que diz. Esta natureza assim de represa, é na ação de
sua arte e do seu ofício, de uma espontaneidade radical. Não há
meios-termos para o arquiteto Niemeyer, não há compromissos
com ideias feitas nem tampouco medo de atingir os seus fins.
Para muita gente ele brinca com os processos; para outros abusa
do seu talento. Há críticos honestos que fazem restrições aos seus
arrancos para o futuro.

Os propósitos de Niemeyer são porém determinados por
uma consciência profissional que lhe dão uma seriedade maciça.
Vi-o na construção e nos planos do edifício do Ministério da
Educação, em época de desespero reacionário, de uma vigorosa
intransigência diante de ameaças de poderosos do dia. Tudo fez
como adotara fazer. Um juiz de tribunal de condenações chegou
a escrever que o edifício de Niemeyer nada era mais do que a
figuração simbólica da bandeira da União Soviética. Por pouco
não botaram abaixo o que estava feito. O ministro Capanema,
com rara dignidade e com sacrifício de sua carreira política reagiu
e venceu a onda fascista. Mas para Niemeyer tudo isto era somente incidentes secundários. A sua obra, continuaria ele sem
vacilar. Vai a Minas e traça a Pampulha. Em Minas havia, em Ouro
Preto, um relicário do século XVIII, com o seu barroco e com as
soluções que um gênio nativo dera a formas de arte. Em Minas,
Niemeyer avançava nas suas conquistas. Pampulha chega ao
melhor Niemeyer, a uma justa conciliação do seu temperamento
com o meio ambiente. A sua secura se adoça na camaradagem

da paz das montanhas. E o que ele concebe como uma miniatura de cidade lacustre tem relevos e formas de poema. Niemeyer age ali poeticamente. Pampulha entra na sua vida como um canto de amor à terra e ao homem.

Somos em arte, nos diz ele, por uma liberdade total. Só acreditamos na arte espontânea, destituída de preconceitos e tabus.

O arquiteto Niemeyer caminha para a libertação real do homem, partindo de uma concepção de arte que liga o artista dramaticamente ao seu tempo, em vez de transformá-lo em espectador ou serviçal dos acontecimentos.

CIDADÃO DO MUNDO

PARIS

Começam a aparecer os primeiros amarelos do outono nas árvores verdes da praça da Concórdia, como em cabeleira viçosa os fios brancos indiscretos. Paris, de 20 graus à sombra, sorri sem chuva, de sol camarada, um pouco agitada com as notícias de Suez. As vitrinas de modas não se dão por achadas. Brilham as joalharias da rua Royal e os *bateaux-mouches* atravessam o Sena com os turistas basbaques.

*

À tarde, fico na esplanada das Tulherias para ver a cidade cobrir-se de luz. A praça com o obelisco pilhado no Egito se ilumina de gás, os palácios do Crillon e do Ministério da Marinha banham--se de luminosidade aquosa. Os velhos jardins que sofreram a fúria da Comuna de 1870 estão mergulhados na escuridão. Casais de mãos dadas mergulham no parque atrás do amor. Apenas se escuta o murmúrio das fontes. O amor pode servir-se muito bem da noite dionisíaca. Lá em cima, uma lua partida ao meio vaga pelo céu atrás das nuvens que se acotovelam na imensidão. Sobra-me tempo para umas vagas meditações sobre aquele recanto da terra onde as criaturas, apesar de tantas servidões, ainda continuam a viver das grandezas de um passado que não morre. Aqui o espírito resiste como na Acrópole aos desgastes do tempo. Roma tem a vida de uma província que é capital de um mundo. Mas Paris é uma terra de todos, é mais universal, é mais católica, no sentido etimológico, que qualquer outra cidade. Londres é do inglês, embora fosse a cidade do maior império da História.

*

Em Paris, o branco e o negro sentem-se em casa. Há mesmo uma linguagem que é anterior à Torre de Babel, nas ligações desta cidade com os mortais. Não é como Roma ou Delfos um centro de comunicações dos homens com os deuses. Paris é toda da terra, toda impregnada da criatura humana. Escuto agora os rumores dos pneumáticos sobre o chão de cimento. Mais para longe as luzes do Arco do Triunfo parecem boiar sobre um mar de gente. Paris não se entrega ao desespero dos jornais da tarde. Argélia, Suez, Marrocos, lembranças que fazem dor no coração do francês. A cidade de Paris não toma conhecimento das dores do mundo. Ela vive e respira. Foram-se os tempos das barricadas, das terríveis tempestades de revoluções sangrentas. Agora, Paris quer somente encantar o mundo com a sua beleza e deslumbrar com o seu espírito. Como a Acrópole que é um testemunho da época do cérebro sobre os instintos bestiais, Paris é a última flor de uma civilização que ameaça mergulhar no infinito oceano da barbaria atômica.

LISBOA

A luz banha o casario velho com uma ternura de mãe. É a luz mais terna que se pode imaginar. Os azulejos dos sobrados não faíscam ao sol, não nos escandalizam, não gritam como os sobrados antigos de Mamanguape, na Paraíba. A luz de Lisboa não corta as coisas, parece que nem divide, com a sombra, os objetos. É luz carinhosa e doce. Ando pelas ruas do alto. Passam mulheres vendendo frutas e peixes com voz rouca de contralto. Todas graves, de rosto comprido e olhos pretos. Subo as ladeiras, e panos secam pelas varandas de ferro. E aos gritos das mulheres se juntam os pregões musicais dos homens. E os meninos brincam pelas calçadas com a tranquilidade dos que não temem os automóveis que cruzam as ruas estreitas. Lisboa velha, a do século do marquês, ainda é uma cidade que dá para o povo. Não há tráfego congestionado, não há automóveis atravancando os logradouros. Tudo anda devagar em Lisboa, mas anda sem paradas de enervar. O que encanta, o que enche o meu coração de alegria, é ver de perto a cidade-matriz de todas as nossas cidades. Lá estão os sobrados da rua da Aurora de Recife, as fachadas coloridas, os azulejos, os pátios como os do Rio de Janeiro, todas as nascentes urbanas que nós, aqui, no Brasil, vamos matando, como se tivéssemos vergonha do que é realmente belo.

O casario de Lisboa me dá saudades da terra distante. E não paro de subir ladeiras, iguais às da Bahia. Paro numa esquina e uma velha de preto me quer vender cravos para o meu amor: "Cravinhos cheirosos para o vosso amor, meu rico rapaz". Acho graça, e ela me diz logo: "O menino é brasileiro, não é?" Identificou-me pelo sorriso, talvez, o sorriso de quem não acreditava nos seus cravos cheirosos. Estou num beco onde as varandas das casas quase que se encontram. Um estirar de braços daria para um aperto de mão. Vizinhos poderão conversar, de um lado para o outro, trocar o sal, o vinho, as especiarias que faltam para uma boa comida que está no fogo. O vento sacode os panos estendidos, os pobres panos dos portugueses pobres que a gente encontrou no trabalho duro, a olhar para os que chegam de fora, atrás de alguma coisa que não seja a "vil tristeza" do poeta. "Vil tristeza" que continua, embora a luz de Lisboa venha do céu azul, como uma carícia de Deus. As mulheres magras passam, de cesto na cabeça, apregoando coisas para comer. Há conversas nas calçadas, há a doce intimidade lusa nos comentários do cotidiano. Uma mãe grita para o filho que corre, de rua afora, um palavreado de tragédia: "Menino, tu me arrancas as carnes".

Venho descendo, e lá no pátio do Rossio a estátua de Pedro IV, o nosso Pedro I, toma um banho de sol de começo de verão. Foi o rei da liberdade, um português da cabeça aos pés. Está de pé, amarrado no pedestal de pedra.

SOL E GRÉCIA

— Sim, miragem – dizia Daudet das mentiras de Tartarin —, mas miragens nascidas do sol. Ide às terras da Provença e vereis um diabólico país onde o sol transfigura tudo, onde a menor colina parece uma montanha. Tudo que o sol toca, exagera. O que era Esparta nos tempos do seu esplendor? Uma aldeia. O que era Atenas? Uma subprefeitura. E na história elas aparecem como cidades enormes. Tudo obra do sol. De fato, o sol foi um amigo dos gregos, um modelador de pedras, um agente de espetáculos. Apesar do calor abafado do meio-dia, quando chega a hora do crepúsculo há uma transfiguração nas coisas. As colinas se tingem de um lilás macio e os últimos raios se derramam sobre as pedras com dedos de estatuários.

É aí que a Acrópole cria uma vida estranha. Lá de cima da colina o mármore recupera as carnes dos tempos de Péricles e parece repetir as palavras dos filósofos que amavam o seu tempo. Nada da agressividade dos Diógenes incontentados, nem das sátiras de Aristófanes. Ao pôr do sol, a Acrópole é uma lição de paz. A dor das tragédias e a ferocidade dos demagogos se ausentam. Só o equilíbrio, só o ritmo do coração das criaturas em colóquio com a doçura de viver. É neste momento que você se identifica com os gregos da convenção. E nos surge o homem feliz, com a azeitona, o pedaço de pão e a taça de vinho. Esta é a hora da oração de Renan. Sobre o Partenon, o sol se entranha na pedra. Dá-lhe sangue, dá-lhe os tempos idos, os instantes de eternidade. No alto da colina sagrada você vê as origens do mundo clássico, você descobre os mananciais que irrigaram as terras latinas. Virgílio, Racine, Shakespeare, Goethe vieram de lá.

Sem aquelas colunas sobreviventes, o mundo de hoje seria uma horda de bárbaros. A Grécia, que o sol tomou para filha amada, irradiou uma sabedoria que não se estancou.

Quando a noite foi chegando, as luzes do Pireu faiscavam sobre o Egeu. Num restaurante cavado na rocha, cantavam melodias da terra. Duas vedetas arrancavam aplausos de um público sem muito entusiasmo. Aos nossos pés, o mar gemia em ondas sobre o rochedo que lhe fora tomado. O vinho branco da Grécia não arranha as nossas gargantas. Desce como veludo e sobe como acrobata. O calor se atenua com a brisa marítima. Barcos iluminados cruzam as águas. São viajantes das ilhas que vão voltando dos passeios pelos recantos encantados. As vozes se perdem na distância do Egeu pacífico. O vinho generoso opera os seus milagres.

VI NÁPOLES E NÃO MORRI

Nápoles foi cidade de gregos, mas é hoje em dia a mais italiana das cidades da grande bota peninsular. Italianíssima pela abundância humana da gente que enche as ruas, que grita nos mercados, que canta no trabalho, a vender frutas e peixes. Vi-a em certa manhã de névoa nas montanhas, mas de colorido marcado sobre as coisas. Lá estavam os sobrados da zona baixa, com os panos velhos a secar pelas sacadas e as ruas de comércio próspero, num vaivém de população laboriosa. Mas não se pense que Nápoles é só um porto na baía mais bela da Europa, não se pense que é só um agrupamento de comerciantes e boêmios. Nápoles possui o mais rico museu de escultura antiga de todo o mundo. Tudo o que havia em Pompeia e Herculano, em bronze e mármore, apinha-se nas salas admiráveis do museu napolitano. As doações de Farnese enchem salas e salas. A energia realista dos gregos, no equilíbrio das formas, no ritmo da força, e a capacidade de exprimirem a beleza da vida e, mais do que tudo, da vida interior das criaturas, espalham-se pelos pedaços de pedra e metal que os mestres de arte selecionaram. E os mosaicos e afrescos arrancados de ruínas de antes de Cristo podem dar lições de composição ao melhor pintor da Escola de Paris. Lá estão figurativistas e abstracionistas, tudo o que nos dias atuais faz a originalidade de um Matisse, de um Léger, de um Picasso. É a maravilhosa semente grega que até hoje germina como a melhor substância de eternidade.

Depois de passar três horas no convívio de Minervas, de Adônis, de Efebos, de Narcisos, saímos para nos encontrar outra vez com o povo das ruas. Tomamos um carro e fomos, estrada afora, à procura de Pompeia. Mas o que nos apareceu, todo limpo e todo manso, assim como o nosso Corcovado visto de longe, foi o Vesúvio. Mandei parar a carruagem para olhar com vagar a vedeta de tanta fama. Nem parecia o monstro que vomitava as quentes lavas, as pedras incandescentes, as cinzas destruidoras. Não era um vulcão ameaçador, mas um Pão de Açúcar coberto de verde, azulado pela luz maravilhosa do dia de primavera. Era, de fato, o Vesúvio, sem fumo, parado e inerte, tal qual um cangaceiro das caatingas, sem armas, de fala de seda, de olhar tranquilo. Mas quem poderá medir o que andava lá por dentro daquelas entranhas misteriosas? De repente a terra estremece e *lapilli* e *cineres* descem pelas encostas e afogam, em chamas que caminham como cobras de fogo, cidades e criaturas. Caprichos da natureza ou desígnios do bom Deus que sabe tudo.

Visto o monstro pacificado, voltamos para dentro de Nápoles. Voltamos para o meio do povo mais extrovertido da terra. Tudo em Nápoles era como se fosse feito na rua. Pelas janelas dos sobrados apareciam as intimidades domésticas, os panos mais particulares a secarem ao sol. Pelas calçadas, mercadorias à venda, uma mistura de mercado oriental. Cachos de ostras, iguais às nossas cordas de caranguejos, com enfeites de limão, roupas velhas ao lado de cerejas maduras. E tudo isto ao rumor de mil vozes cantantes. O nosso carro de cavalo ensinado rompia pelo meio da multidão sem um atrito. Podíamos pisar em cima de mercadorias, e não pisávamos. O cavalo cortava voltas, enquanto lá de cima dos sobrados mulheres e meninos gritavam e nos davam adeus. Povo de alma generosa, com todo o coração escancarado. Havia comícios políticos para eleições municipais. Tribunas no meio da rua. Falava um monárquico, entre coroas do Reino. Mais para longe falava um fascista e, de cima de um sobrado, uma mulher gritava contra os americanos, na mesma língua dos nossos amigos do "petróleo é nosso". O povo andava, vendia, comprava, cantava.

Alguns paravam para ouvir os discursos. Todos viviam nas exuberâncias de gestos, de fala, de atitudes. Nos nichos de santas e santos queimavam velas e cheiravam as flores de limoeiro. Um grande Cristo crucificado, iluminado por uma imensa lâmpada de azeite, ouvia o discurso da comunista violenta.

Tudo era Nápoles, a cidade humaníssima, a cidade do povo, a cidade que vi de perto e de onde saí mais vivo do que lá entrei.

A ROMA QUE FOI DE CÉSAR

Roma não é uma cidade que meta medo a ninguém, não é uma cidade de mistérios, apesar de ser a cidade capital de Deus, na terra. Tomo um carro puxado por um cavalo magro, carro mais modesto que os de Petrópolis, com o cocheiro vestido de trapos, e começo a ver na manhã clara de maio a velha Roma dos imperadores. Subo a Via Ápia, atravesso a porta de São Sebastião, e o imaginativo que vê as pedras antigas, os arcos de triunfo, os fóruns, os coliseus, as pirâmides de Caios, a vila de Cipião, o africano, com o seu jardim como se fosse uma capoeira de sítio abandonado do Recife, procura por toda a parte o romano que foi o criador de tudo aquilo, a gente que tomou conta do mundo como de um engenho e foi o senhor absoluto das Gálias, da Inglaterra, do Egito, das Espanhas. O cocheiro que me arrasta pelas pedras das ruas vai-me contando as grandezas dos Césares, numa língua solta que não é a do mestre Suetônio. O Circo Máximo, onde leões matavam a fome em carne humana, o Fórum Romano, com as suas colunas partidas ao meio, com a terra revolvida pelos arqueólogos atrás dos vestígios dos tempos mortos e para onde vai crescendo o capim verde dos começos da primavera, tudo isto vai merecendo do cocheiro o seu comentário de oitiva. Nada sente aquele homem das histórias que me conta. Casa delle Vestali, Tempio di Antonino e Faustina, Tempio di Saturno, Arco di Settimio Severo, Colli Palatino, Tempio de Vesta.

Todas aquelas palavras sonoras lhe saem da boca como se não fossem palavras ligadas a gotas de uma história da vida. Era tudo de pedra: colunas, arcos, nomes de gente. Só bem vivas as flores que cobriam de alegria campestre os cadáveres ressequidos

dos monumentos catalogados. Mais para diante o cavalo do carro bufava numa subida de ladeira. Íamos à procura das catacumbas. E já o campo italiano aparecia. Terras cansadas, preparadas para a semeadura. Repuxos molhavam a terra e por onde cantava a água virgiliana das églogas, canos de ferro da irrigação, a bomba, espalhavam-se a se enroscarem pelos aceiros como cobras imensas. Bem por cima das catacumbas os salesianos faziam as suas hortas. E morangos amadureciam vermelhos ao sol, como se fossem o sangue dos mártires que minasse da terra adubada com tantos corpos de santos. Afinal aquela era a Roma eterna, a que dera a Goethe, na mocidade, outro ritmo de viver, a que fizera as ligações de sangue e de alma, entre o mundo grego e o mundo novo dos cristãos.

Vinha voltando pela estrada coberta de lajes. Pelos muros, margaridas se abrem festivas, e por cima das pedras de mais de 2 mil anos os eremitas de Deus encontram uma brecha para botar a cabeça de fora. Lagartixas espiam, de corrida, os vultos que lhes perturbam a paz cesárea. Onde, outrora, a Vênus Genetrix de César recebia as suas oferendas, cantam os passarinhos de São Francisco de Assis. Mas o imperador que roubou a República lá está no bronze verde, à chuva e ao sol, na única eternidade que lhe resta; a da arte que lhe deu o mestre estatuário Arcesilau.

INFORMAÇÕES SOBRE AS CRÔNICAS

É sabido que foi bastante extensa e frequente a colaboração de José Lins do Rego para a imprensa escrita. Parte de seus textos foi posteriormente publicada em livro durante sua vida, bem como importantes antologias vieram a lume após seu falecimento, em 1957.

As crônicas "Natal de um menino de engenho", "O rio Paraíba", "Os jangadeiros", "Vassouras (II)", "Van Gogh" e "Portinari (I)" faziam parte do livro *Gordos e magros*, publicado em 1942. Do livro *Poesia e vida*, de 1945, foi selecionada para este volume a crônica "O mestre Graciliano". O texto "O poeta da crônica" saiu em 1948, no jornal português *O Primeiro de Janeiro*. "Lisboa" foi primeiramente publicada no livro *Bota de sete léguas*, de 1952.

Do livro *A casa e o homem*, de 1954, vieram as crônicas "O meu amigo José Olympio", "O grande Lobato", "O poeta Manuel", "Cícero Dias em 1929", "Vi Nápoles e não morri" e "A Roma que foi de César". De *Gregos e troianos*, editado em 1957, foram selecionados para esta antologia os textos "Carnaval do Recife", "Uma viagem sentimental", "O lírico do Jardim Botânico", "Niemeyer" e "Sol e Grécia".

Os textos [Cinco respostas para um inquérito sobre o ofício do escritor] e [Mestre Chopin] foram extraídos do livro *Homens, seres e coisas*, de 1952, e, por não possuírem originalmente um título, optou-se por conferir um, grafando-os entre colchetes. Da mesma forma, os textos [Gilberto Freyre e José Américo de Almeida] e [Os regionalistas de 30] são excertos captados do volume *Presença do Nordeste na literatura brasileira* (1957) e o mesmo artifício foi adotado com ambos.

Do livro *O vulcão e a fonte*, coletânea póstuma organizada por Lêdo Ivo, de 1958, foram extraídas as crônicas "Santa Sofia", "O caráter do brasileiro", "Monólogo de ônibus", "Música carioca" e "Paris".

As crônicas "O Fla × Flu em Recife", "Como dói!...", "O velho Flamengo", "O Brasil era o Flamengo", "O Flamengo" e "O cronista, as borboletas e os urubus" saíram pela primeira vez no *Jornal dos Sports* e integraram posteriormente a antologia *Flamengo é puro amor*, publicada em 2002.

É preciso registrar que a coletânea aqui projetada beneficiou-se enormemente de outras antologias de textos realizadas após a morte do autor, as quais trouxeram parte significativa das crônicas reunidas no presente volume. Refiro-me aqui especialmente a *O cravo de Mozart é eterno*, de 2004, organizada por Lêdo Ivo, e *Melhores crônicas José Lins do Rego* (2022), concebida por Bernardo Buarque de Hollanda. A este, o selecionador agradece pelo fértil diálogo travado durante o trabalho de pesquisa e escolha dos textos do presente volume.

BIBLIOGRAFIA DO AUTOR[1]

FICÇÃO

Menino de engenho. Rio de Janeiro: Adersen, 1932.*

Doidinho. Rio de Janeiro: Ariel, 1933.*

Banguê. Rio de Janeiro: José Olympio, 1934.*

O moleque Ricardo. Rio de Janeiro: José Olympio, 1935.*

Usina. Rio de Janeiro: José Olympio, 1936.*

Pureza. Rio de Janeiro: José Olympio, 1937.

Pedra Bonita. Rio de Janeiro: José Olympio, 1938.*

Riacho Doce. Rio de Janeiro: José Olympio, 1939.*

Água-mãe. Rio de Janeiro: José Olympio, 1941.*

Fogo morto. Rio de Janeiro: José Olympio, 1943.*

Eurídice. Rio de Janeiro: José Olympio, 1947.

Cangaceiros. Rio de Janeiro: José Olympio, 1953.*

MEMÓRIAS

Meus verdes anos. Rio de Janeiro: José Olympio, 1956.

---

[1] A presente listagem de títulos de José Lins do Rego não pretendeu ser exaustiva; o propósito aqui foi o de conceber uma relação das primeiras edições dos principais títulos do autor.

* Livros atualmente publicados pela Global Editora.

LITERATURA INFANTOJUVENIL

Histórias da velha Totônia. Rio de Janeiro: José Olympio, 1936.

CRÔNICAS E ENSAIOS

Gordos e magros. Rio de Janeiro: Casa do Estudante do Brasil, 1942.

Pedro Américo. Rio de Janeiro: Casa do Estudante do Brasil, 1943.

Poesia e vida. Rio de Janeiro: Universal, 1945.

Bota de sete léguas. Rio de Janeiro: A Noite, 1952.

Homens, seres e coisas. Rio de Janeiro: Serviço de documentação do Ministério da Educação e Saúde, 1952.

A casa e o homem. Rio de Janeiro: Organização Simões, 1954.

Roteiro de Israel. Rio de Janeiro: Centro Cultural Brasil-Israel, 1955.

Gregos e troianos. Rio de Janeiro: Bloch, 1957.

Presença do Nordeste na literatura brasileira. Rio de Janeiro: Serviço de Documentação do Ministério da Educação e Saúde, 1957

O vulcão e a fonte. Organização de Lêdo Ivo. Rio de Janeiro: O Cruzeiro, 1958.

Dias idos e vividos. Organização de Ivan Junqueira. Rio de Janeiro: Nova Fronteira, 1981.

Flamengo é puro amor. Organização de Marcos de Castro. Rio de Janeiro: José Olympio, 2002.

O cravo de Mozart é eterno. Organização de Lêdo Ivo. Rio de Janeiro: José Olympio, 2004.

Ligeiros traços: escritos de juventude. Organização de César Braga-Pinto. Rio de Janeiro: José Olympio, 2007.

SOBRE O AUTOR

José Lins do Rego nasceu em 3 de junho de 1901, em Pilar, Paraíba, e faleceu em 12 de setembro de 1957, na cidade do Rio de Janeiro. Formou-se em Direito no Recife, em 1923, e chegou a exercer brevemente o cargo de promotor no interior de Minas Gerais, mas o pendor para a carreira literária falaria mais alto. Publicou, em 1932, seu primeiro livro, *Menino de engenho*, seu passaporte de entrada para a história do moderno romance brasileiro. Dentre sua vasta obra, destacam-se suas narrativas que têm como cenário o Nordeste da cana-de-açúcar, pano de fundo para sua suprema recriação ficcional do auge e da decadência dos engenhos, e o Nordeste da caatinga, no qual a seca e o cangaço são elementos constituintes.

Além de romancista, o escritor paraibano foi também contista, cronista, tradutor e jornalista, tendo contribuído ao longo de sua vida para vários periódicos brasileiros. Teve livros de sua autoria traduzidos para o inglês, francês, espanhol, alemão, italiano, dentre outras línguas. Em 1956, ano anterior ao de seu falecimento, tornou-se membro da Academia Brasileira de Letras.

LEIA TAMBÉM

AFFONSO ROMANO DE SANT'ANNA
CRÔNICAS PARA JOVENS

Com humor e envolvente tom poético Affonso Romano de Sant'Anna reflete sobre questões, pequenas ou grandes, do cotidiano de todos nós.

Iluminando belezas e mazelas presentes e nem sempre percebidas, exerce o poder da arte: tornar visível.

Suas crônicas são um convite ao leitor para mover-se em direção à beleza e recusar o torpe.

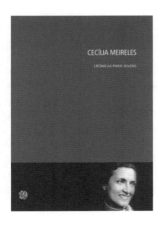

CECÍLIA MEIRELES
CRÔNICAS PARA JOVENS

"Dias perfeitos são esses em que não cai botão nenhum de nossa roupa, ou, se cair, uma pessoa amável aparecerá correndo, gastando o coração, para no-lo oferecer como quem oferece uma rosa..."

A crônica de Cecília Meireles tem a solidez e a delicadeza de sua obra poética. Seu tom lírico e ligeiramente desencantado com os rumos da sociedade contemporânea joga uma luz especial em situações insignificantes – alegres ou tristes – que ainda não tínhamos identificado, mas tão importantes nas nossas andanças diárias.

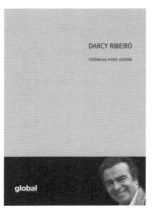

DARCY RIBEIRO
CRÔNICAS PARA JOVENS

As crônicas de Darcy Ribeiro reunidas neste livro trazem aspirações audaciosas, projetos desafiadores, opiniões contundentes e outras manifestações desse grande intelectual que sonhava, de forma obstinada, com um futuro melhor.

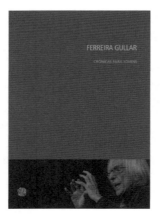

FERREIRA GULLAR
CRÔNICAS PARA JOVENS

"O homem pensa, se inventa o tempo todo, e para isso ele precisa da leitura. A leitura é constitutiva do ser humano e dá sentido à sua existência."

Ora de forma divertida, ora de forma mais reflexiva, Ferreira Gullar aborda uma variedade de assuntos, entre eles os acontecimentos do dia a dia, o Brasil e os brasileiros, o período da Ditadura, o encantamento com a infância, memórias, o início de sua carreira, amigos.

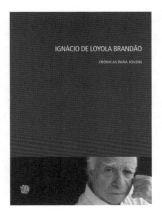

IGNÁCIO DE LOYOLA BRANDÃO
CRÔNICAS PARA JOVENS

"Viver significa, entre outras coisas, poder escrever."

Essa frase, dita por Ignácio de Loyola Brandão logo após sua longa recuperação de uma cirurgia para retirada de um aneurisma cerebral, revela o prazer com que, ainda hoje, o autor escreve suas crônicas e nos convida a pensar que, com risos e dramas, a vida sempre vale a pena.

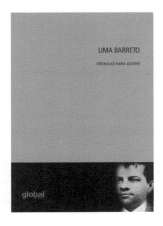

LIMA BARRETO
CRÔNICAS PARA JOVENS

Nas crônicas deste livro, Lima Barreto expressa-se com a mesma liberdade de pensamento que marcaria seus romances e contos. Aqui, o talentoso cronista ilumina com clareza e sagacidade os pormenores e injustiças de sua época.

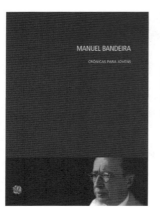

MANUEL BANDEIRA
CRÔNICAS PARA JOVENS

Talvez mais próximo do Manuel Bandeira poeta, o leitor vai se surpreender com o cronista brincalhão que se diverte e chama todo mundo para um dedo de prosa, construída de forma tão simples e tão rica.

MARCOS REY
CRÔNICAS PARA JOVENS

Marcos Rey, conhecido do público juvenil por suas narrativas policiais, foi também um excelente cronista. Na crônica, ele foi um grande contador de casos, exercitou a percepção das coisas simples da vida e transformou todo esse material em boas doses de humor, de irreverência e de muita reflexão. Esta antologia, selecionada a partir das crônicas dominicais da revista *Veja*, reúne textos que certamente garantirão ao leitor prazer e descontração.

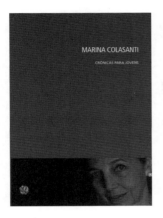

MARINA COLASANTI
CRÔNICAS PARA JOVENS

Marina Colasanti traz à tona neste livro o universo existencial feminino e as questões sociais de nosso país. Ela relembra, também, os amigos, reflete sobre suas experiências, narra eventos corriqueiros, choca-se com o desrespeito à natureza. Sua marca é sempre a profunda percepção do real e a sensibilidade.

WALMIR AYALA
CRÔNICAS PARA JOVENS

Nas crônicas deste livro, Walmir Ayala nos convida a olhar a vida de frente, sem máscaras, mas sem nos esquecer de uma dose diária de doçura, venha ela de doces vendidos por algum velhinho, da carta de um amigo ou da tirada poética de uma criança.

Impresso por :

gráfica e editora

Tel.:11 2769-9056